Alex Marongue
Schulschluss

Impressum

Bibliografische Information der Deutschen Nationalbibliothek: Die Deutsche Nationalbibliothek verzeichnet diese Publikation in der Deutschen Nationalbibliografie; detaillierte bibliografische Daten sind im Internet über http://dnb.dnb.de abrufbar.

© 2021 Alex Marongue

Umschlaggestaltung: fiverr-Anbieter **paul_grx1**

www.fiverr.com/paul_grx1

Auf Grundlage eines Fotos von Pixabay-Nutzer Pixel2013

https://pixabay.com/users/pixel2013-2364555/

Herstellung und Verlag: BoD – Books on Demand, Norderstedt

ISBN: 9783755778417

13:30 Zwischen hier und dort

Die alte Stadtmauer von Freiweiler verlief am Stadtbach entlang und trennte die Altstadt mit Fußgängerzone und Bahnhof von den modernen Neubaugebieten mit großen Wohnanlagen, dem Baumarkt und den Wäldern dahinter. Hinter dem Bahnhof wuchs die Stadt einen steilen Hügel hinauf. Dort lag das Schulzentrum der Wedekind-Realschule. Die Turnhalle, in der morgen die Abschlussfeier der Realschüler stattfinden würde.

Die Mauer, die alte Wehranlage, steckte jedem Jugendlichen in dieser Stadt fest im Kopf. Jedes Jahr kamen die Geschichtslehrer aufs Neue auf sie zurück. Von Kelten gebaut, von Römern befestigt, von Franken verstärkt, von Franzosen gesprengt, von Schweden bezahlt und so weiter und so fort. Drei

Jahrtausende, die zum Meme unter Freiweiler Schülern geworden war. Heute erkannte man kaum noch, dass hier mal eine echte Mauer stand. Auf der Seite der Innenstadt war sie komplett weggerissen worden, um der Ringstraße Platz zu machen. Auf der Bachseite war einfach Erde aufgeschüttet worden und die Mauer bildete einen ungefähr zehn Meter hohen, mit Stoppelgras bewachsenen Hügel.

Marie hatte allerdings nicht das Gefühl, auf dreitausend Jahren Geschichte zu sitzen. Vielmehr auf einem Ameisenhaufen. Der Boden unter ihr fühlte sich spröde und locker an, aber glücklicherweise trocken. Trotzdem rutschte sie immer wieder ab. Ruiniert war der Rock noch nicht, aber für heute zumindest versaut. Vielleicht würde sie sich umziehen können. Aber ob sie heute noch heimkam?

Marie blickte den Bach hinab in die Richtung,

wo das Toilettenhäuschen hinter Bäumen versteckt lag. Sie saß hier schon wie lange, ohne dass etwas geschehen wäre. Sie hatte sich das alles besser vorgestellt, als sie heute Morgen ihre Ausrüstung gepackt hatte. Interessanter. Spannender. Wie lange? Erst eine Stunde, ihre Handyuhr zeigte halb zwei.

Gerade, als Marie den Blick wieder von ihrem Handy löste, erweckte doch noch etwas ihre Aufmerksamkeit. Eine Gestalt, die ihr bekannt vorkam. Hastig kramte Marie in ihrer Schultasche und holte Block, Stift und Fernglas hervor. Erstere platzierte sie in ihrem Schoß, Letzteres legt sie mit der Rechten an die Augen.

„Bastian?", murmelte sie. „Nervös. Aufgeregt? Gut oder schlecht, was ist los?" Dann überlegte sie, während die Gestalt in der Ferne das Bachufer entlang eilte. „Wieso kommst du aus dieser Richtung?" Bastian wohnte am anderen Ende der Stadt. Auf dem Hügel in der Nähe des Schulzentrums.

Unten am Bach 13:30 Uhr

Viele Mädchenzimmer hatte Bastian noch nicht gesehen. Laras natürlich. Aber Lara zählte nicht. Und sonst noch? In der Grundschule, zu Kindergeburtstagen und was sonst noch. Aber das zählte natürlich schon lange nicht mehr. In der Realschulzeit, die Zeit, die morgen enden würde? Laras. Sonst keines. Wie das wohl bei den anderen Jungs war – manche hatten bestimmt schon Dutzende Mädchenzimmer gesehen, alles mögliche drinnen veranstaltet. Aber bestimmt nur wenige. Die zwei größten Nervensägen pro Klasse oder so. Die anderen? Zwei, drei, fünf, keines? Kein Junge würde ehrlich darüber sprechen, er natürlich auch nicht. Und wer wusste schon, ob die, die so angaben, nicht auch logen. Oder die, die behaupteten, nur in ganz wenigen oder gar keinem Mädchenzimmer gewesen zu sein.

Oder Mädchen in ihrem Zimmer gehabt hatten? War das etwas Anderes?

Heute jedenfalls war es ein zweites Zimmer geworden, ein zweites in seiner Realschulzeit. Zwei in sechs Jahren ergaben 0,3 Periode Mädchenzimmer im Jahr. Und jetzt stand er zwischen beiden Zimmern, gewissermaßen, Kathrins jenseits des Baches, in einem hübschen Einfamilienhaus. Und Laras in der Altstadt, in einem fünfstöckigen Kasten mit hohen Decken. In Laras Zimmer war viel passiert. Viel zu viel. In Kathrins Zimmer – nichts. Natürlich. Jetzt stand er dazwischen, blickte auf den gluckernden Bach hinab und wurde das Gefühl nicht los, etwas verpennt zu haben.

„Irgendwas ist schwer an mir vorbeigegangen!", so sagte man das in seiner Familie. Oder bildet er sich das nur ein?

Kathrin und er waren gemeinsam von der Schule heimgekommen. Heim zu ihr. Ganz zufällig. Sie hatten den ganzen Vormittag geholfen, alles für die Abschlussfeier vorzubereitn, hatten Reihe um Reihe Stühle aufgestellt für die große Abschlussfeier morgen, hatten die Kühlschränke angeschlossen und mit alkoholfreien Getränken und Süßkram bestückt, um sich anschließend, wenn niemand guckte, daraus zu bedienen. Eigentlich hatten sie den ganzen Tag miteinander verbracht. Sie waren gemeinsam zum Schulgottesdienst gegangen und hatten sich danach den ganzen Vormittag über unterhalten. Was sie in den Ferien tun wollten. Was danach Thema sein würde. Schule weitermachen. Ausbildung. Wo? Wann?

„Wie sieht eigentlich dein Zeugnis aus?"

„Ganz gut, deines auch?"

Sie hatten sich über die Schule unterhalten, die

vergangenen Jahre. Über die alten Fenster zum Beispiel, die direkt unterhalb der Zimmerdecke angebracht waren, nicht geöffnet werden konnten und nur für Licht sorgen sollten. Und die wahrscheinlich die einzigen Fenster der Schule waren, die in den letzten fünfzig Jahren nicht ausgetauscht worden waren und auf denen an manchen Wintermorgen sogar Eisblumen wuchsen.

Gerade waren sie bei ihrer jeweils schönsten und schlimmsten Erinnerung aus der Schulzeit angelangt, als Kathrin ihre Schrittgeschwindigkeit verlangsamte und sie beide in Richtung eines Gartentürchens lenkte. Es war der Eingang in den schmalen Garten eines würfelförmigen, weißen Hauses mit großen, rechteckigen Fenstern. Kathrin streckte bereits die Hand nach der Klinke aus, bevor sie sich umdrehte. Bastian stockte, begriff und stolperte über seine Gedanken.

„Also, ja-", unterbrach er sich selbst mitten im Satz. Er hatte gerade darüber gesprochen, wie ihm in der sechsten Klasse eine Flasche Kirschsaft in der Schultasche zerbrochen war. Nicht nur war alles voller Scherben gewesen, alle Schulbücher hatten sich blitzschnell mit Kirschsaft vollgesogen und waren unlesbar geworden. „So war das damals", murmelte er und machte sich innerlich bereit, sich zu verabschieden. Ein kurzer Abschiedsgruß, mitten im Satz, aber so war das eben manchmal auf dem gemeinsamen Heimweg. Auch, wenn er sich auf der falschen Seite der Stadt befand und sich schon bald würde beeilen müssen.

Aber Kathrin war stehen geblieben, blickte Bastian mit schräg gestelltem Gesicht in die Augen und blinzelte, bereit, weiter zuzuhören.

„Komm rein, es ist doch viel zu heiß hier, um zu reden", sagte sie. Dann legte sich ihre Stirn in Falten. „Oder hast du keine Zeit mehr?"

„Doch ... ja, klar. Gerne!"

Nicht mehr viel Zeit. Lara würde warten, aber ein paar Augenblicke würden nicht schaden.

„Dann komm schon mit!", sagte Kathrin, während sie über den kurzen gekiesten Weg auf die Haustüre zuging. „Meine Eltern sind noch nicht da." Dann schloss sie die Türe auf.

Kathrins Zimmer lag im ersten Stock, auf der Seite des Hauses, die der Mittagssonne abgewandt war. Bastian war froh, mit hineingegangen zu sein. Es war drinnen überraschend kühl, während draußen der Asphalt von der Hitze weich zu werden schien.

Kathrin hatte ihn hinauf geführt, ihn in ihr Zimmer gestellt und war wieder hinunter in die Küche gegangen, um etwas zu trinken fertig zu machen. Bastian blickte sich währenddessen in ihrem Zimmer um.

Blassorange Wände, dunkelbrauner Teppichboden. Auf dem Schreibtisch unter dem Fenster lagen ordentlich aufeinandergestapelt Schulhefte, Schreibblöcke und die roten Bücher zur Prüfungsvorbereitung. Daneben ein Laptop mit einer kabellosen Tastatur darauf. Eine Schreibtischlampe, Kathrins Federmäppchen, das sie auch in der Schule benutzt hatte. Aus schwarzem Stoff mit gestickten Blumen.

Die Decken auf dem Bett waren ordentlich zusammengelegt, das Kissen glatt gestrichen. Kaum merklich ragte das rosa Hosenbein eines Schlafanzuges unter der Decke hervor und hing ein kleines Stück über die Bettkante. Neben dem Bett, auf dem

Nachtkästchen, lagen ein abgenutztes Tablett mit gesprungenem Bildschirm und ein dünner Roman.

Kathrin hatte kaum Bücher. Oder zumindest weniger, als Bastian gedacht hätte. Das Buch neben dem Bett, ein Jugendroman, Mädchengeschichten oder so etwas. Bastian zumindest hätte sich mehr von ihr erwartet. In den Regalen lag Kleidung, aber nicht viel. Daneben Urkunden, von der Kirche und vom Sport. Ansonsten fast nur: Fotos. Unmengen davon. Manche waren auf die Innenseiten der Regale geklebt, manche lagen einfach nur übereinander gestapelt da, einzelne waren eingerahmt und aufgestellt oder hingen an der Wand. Familienfotos mit vielen alten Leuten darauf, Fotos von einem kleinen Mädchen, das Kathrin einmal gewesen sein könnte, Fotos von Landschaften, von ihrem kleinen Bruder und ihrer älteren Schwester, die schon lange nicht mehr bei der Familie wohnte.

Ansonsten: Urlaubsfotos, Fotos von allen möglichen Festen und Ausflügen. Da waren Gesichter, die Bastian erkannte. Khaleb aus der Parallelklasse. Magda, die einmal in ihrer Klasse gewesen war, die aber schon vor Jahren weggezogen war. Auf zwei Fotos fand er sich selber, beide Male mit Lara. Einmal auf dem Klassenfoto von letztem Jahr. Auf dem anderen waren nur sie beide darauf. Keiner von ihnen blickte in die Kamera, sondern sie sprachen mit gesenkten Köpfen miteinander. Der Hintergrund sah nach Marseille aus, wo sie zur Abschlussfahrt gewesen waren. Kathrin musste sie aufgenommen haben, ohne dass sie es gemerkt hatten.

Direkt daneben, in einem schönen, silbernen Rahmen mit ganz fein ziseliertem Muster, der an die Wand gelehnt stand, lachten ihm Kathrin und Marie entgegen – was die beiden wohl miteinander zu tun hatten? Klar, in der Schule war Kathrin eine der wenigen, die sich irgendwie mit Marie abgab. Aber das sah nicht nach einem Foto aus der Schule aus. Bastian streckte die Hand aus. Er wollte sich das Bild genauer ansehen.

„Das Bild haben Marie und ich in Taizé aufgenommen. Wir sind dort letzten Sommer mit unserer Jugendgruppe hingefahren", sagte Kathrin plötzlich hinter ihm. Ertappt drehte sich Bastian um und glaubte fast, spüren zu können, wie er rot wurde, während ihm Kathrin ein Glas Eistee in die Hand drückte.

„Ich wusste nicht, dass ihr beide, also, dass ihr beide was miteinander unternehmt. Oder dass sie überhaupt …"

Kathrin deutete vor seiner Stirn eine Bewegung an, als wolle sie ihm eine klatschen, aber nur leicht und freundschaftlich.

„Weil du keine Ahnung von Marie hast", sagte sie. „Kein Mensch ist eine Insel. Und auch zwei oder drei zusammen geben noch keine ordentliche Insel ab." Jetzt blickte sie ihm in die Augen, starrte fast, mit einer wissenden Falte zwischen den Brauen. Es fühlte sich für Bastian fast so an, als hielte sie ihn mit den Augen fest. Als ihm trotz der Kühle in ihrem Zimmer der Schweiß auf die Stirn trat, ließ sie ihn los, zog ihren Schreibtischstuhl heran und setzte sich. Erst, als sie sich dabei von ihm entfernte, sich wegdrehte, sah Bastian ihr schwaches, aber freundliches Lächeln.

Zwei, drei Leute. Sie meint mich und ... Lara und Martin.

„Wieso hast du so viele Fotos? Ich meine, das ganze Regal voll? Die sind doch vom Handy oder von der Digitalkamera. Kannst du die nicht speichern?"

Zur Antwort deutete Kathrin auf die oberste Fläche des Regals neben ihm. Zwei dicke, altmodische Fotoalben waren darauf verstaut. Daneben lag eine mit einem Vorhängeschloss versehenen Box und eine große Pappschachtel, aus der Kabel und ein Gurt hervorlugten.

„Da oben habe ich meine Kamera. Und in der Box habe ich meine SD-Karten. Fünfmal 16 Gigabytes oder so. Seit ich klein war. Ausgedruckt habe ich nur so die Highlights, das wichtigste vom Wichtigen."

„Die schönsten?"

„Nö. Nur einfach die, die am meisten Bedeutung haben. Die ich tagsüber immer wieder anschaue. Die ich anschauen will, wenn ich einschlafe."

Ohne es erst mitzubekommen, schielte Bastian zum Bett, zum hervorschauenden Pyjamabein. Dass sie ihm so etwas erzählte. Er zwang sich fast, sich wieder in Richtung des Regals und der Bilder zu drehen. Fotos aus der Kindheit, von den letzten Ferien. Von Familie, Haustieren, vielen Freunden. Und zwei oder drei unterschiedliche Jungs, die nicht so aussahen, als wären sie mit Kathrin verwandt. Die er nicht aus der Schule wiedererkannte.

„Das ist ein komisches Bild, das du in Marseille von Lara und mir gemacht hast", sagte Bastian.

„Es gefällt mir", erwiderte Kathrin. „Ihr seid so schön in euer Gespräch vertieft. Geheime Gespräche, von denen niemand etwas weiß. So geheim, dass ihr gar nicht gemerkt habt, dass ich euch ablichte. Das finde ich schön."

Ablichte? Kathrin redete sogar wie eine richtige Fotografin.

Für einen Moment war es so still, dass Bastian durch die isolierten Mauern und das dreifach verglaste

Fenster hören konnte, dass draußen ein Rasenmäher ansprang. Und schrie sich da nicht wer an? Die Stille hier drinnen war so drückend wie die unerträgliche Hitze draußen. Bastians Augen suchten. Kathrins Augen ruhten. Auf ihm? Er traute sich nicht, genauer nachzusehen und dabei versehentlich Kontakt aufzunehmen. Wie spät war es eigentlich?

„Willst du dich nicht hinsetzen?", fragte Kathrin schließlich.

Klar, aber wohin? Kathrin saß auf ihrem Stuhl. Etwas anderes gab es nicht. Das Bett? Blödsinn! Er konnte nicht einfach auf dem Bett von *ihr* sitzen. Der Fußboden? Wie spät war es? Er würde von hier aus eine halbe Stunde zu Lara brauchen. Zu Fuß, zumindest. Zwanzig Minuten, wenn er einen Bus erwischte.

Bastian fischte sein Handy aus der

Hosentasche und sah nach. Viertel nach. Verdammt spät! Er musste los.

„Ich muss jetzt schon los." Aber eigentlich wollte er auch nicht.

„Aber es hat ja echt gut geklappt mit dem Aufbau, das wird eine gute Feier!"

Er wollte nicht weg. Wegen Lara nicht – zu ihr – oder wegen Kathrin nicht – von ihr weg.

Kathrin fragte: „Kommst du morgen früh zur Schule?"

„Ja klar. Lara und ihr Freund wollen ja hin."

„Klar kommt Lara", lächelte Kathrin, „soll ja Party geben. Na gut, unter den Umständen sehen wir uns ja garantiert morgen da."

Damit stand Kathrin auf, nahm Bastian das Glas aus der Hand und stellte es in das Regal und führte ihn zu seinen Schuhen neben der Haustüre. Die ganze Zeit über hatten sie beide geschwiegen.

„Tschüss!"

Dann hatte sich Bastian auf den Weg zurück in die Innenstadt gemacht, über den Bach und die alte Wehranlage entlang.

Jetzt stand er auf halbem Weg und wunderte sich, ob er ein Idiot war, oder ob er angefangen hatte, Dinge zu sehen, die nicht da waren.

Jenseits des Baches, 13:30 Uhr

Der Rasenmäher vom Nachbar hatte noch einige Minuten weitergetöst, nachdem Bastian verschwunden war. Überstürzt. Plötzlich war ihm eingefallen, dass er etwas viel Wichtigeres zu tun hatte. Kathrin zweifelte nicht daran, dass es wichtiger war als sie. Nach dem Rasenmäher von links dröhnte eine elektrische Heckenschere von rechts für einige Minuten. Als der Lärm endlich aufgehört hatte, hatte Kathrin bereits ihren Tee ausgetrunken, Bastians weggeschüttet – schade um die frische Minze – und hatte den Flur gekehrt. Der rosa-graue Staub, den sie beide hereingetragen hatten, war nach ein paar Strichen des Handbesens weg und mit ihm Bastian.

Sie hatte es nicht geplant, die Ereignisse und die Idee waren plötzlich glücklich zusammengefallen. Aber wenn schon nicht geplant – man stellte sich so was doch anders vor.

Erst, als der Lärm aus den Nachbargärten verklungen war, konnte Kathrin das Fenster öffnen. Plötzlich war ihr zu kalt geworden, plötzlich wollte sie die warme Luft von draußen auf dem Gesicht spüren. Sie spürte einen scharfen Luftzug auf der trockenen Oberfläche ihrer Augen. Dann hörte sie etwas. Weinen? Weinen. Es war leise, klang unterdrückt. Wie durch auf den Mund gepresste Hände hindurch. Durch absichtlich flaches, verkrampftes Atmen.

Kathrin blickte aus dem Fenster, sah aber nichts in den Gärten der Nachbarn. Das Weinen klang, als käme es von direkt unter ihrem Fenster, wo der Zaun der Nachbarn bloß einen halben Meter von ihrer Hauswand entfernt war und gerade genug Platz ließ, dass ein einzelner Mensch zwischen ihnen hindurch kam Kathrin streckte sich, stellte sich auf die

Zehenspitzen und blickte hinunter zwischen Hauswand und Zaun. Dort war, fast zu erwarten: niemand. Es wäre auch zu unangenehm gewesen, einen weinenden Fremden in ihrem Garten zu haben. Doch auch, wenn das Weinen mittlerweile dumpfer war, von Händen und zusammengepressten Augenlidern erstickt, glaubte Kathrin trotzdem, es nun deutlicher hören zu können. Als befände sich ihr Ohr direkt über seiner versteckten Quelle. Noch einmal kniff Kathrin die Augen zusammen, suchte – und fand: Kleidung, die durch die Spalten zwischen den Latten des Zauns hindurch erkennbar war. Ein brauner Haarschopf, der über die Spitzen des Zaunes hinweg ragte.

Vorsichtig und still zog sich Kathrin vom Fenster zurück, ließ es offen und ging in großen, aber geschlichenen Schritten durch ihr Zimmer, die Treppe hinunter, streifte ihre Hausschuhe von den Füßen –

und blieb wie festgefroren stehen. Sandalen anziehen oder barfuß raus? Eine blöde Frage, sicher, aber sie konnte sich trotzdem erst gar nicht entscheiden, zögerte – und entschied sich schließlich, nach vollen zehn Sekunden Leere im Hirn, barfuß zu gehen. Sie schlich durch die Türe und rechtsherum um das Haus, bis sie den schmalen Durchgang zwischen Zaun und Hauswand erreichte. Dort blieb sie stehen, stützte sich auf die nächste Zaunlatte und beugte sich vorsichtig darüber.

Ein Junge saß mit dem Rücken an den Zaun gelehnt im Gras, die Knie an die Brust gezogen und das Gesicht dazwischen vergraben. Er zitterte und hatte den rechten Ärmel seines Hemdes im Mund. Tatsächlich: Er kaute darauf und unterdrückte dadurch das Hervorbrechen neuer Geräusche.

„Tom?"

Kathrin hatte ihn natürlich sofort erkannt: Sein Haar, seine hageren Glieder. Die abgekauten Fingernägel. Tom, der jüngste Sohn der Nachbarn aus einer der Paraklassen. Aber aus welcher? B? C? Da war sich Kathrin gar nicht mehr sicher. Immerhin ging es von A bis E.

„Tom?", rief sie nochmal, aber schon leiser und scheuer. Sie war sich schon nicht mehr sicher, was sie hier überhaupt tat.

Erst kam wieder keine Reaktion, dann aber drehte Tom langsam sein Gesicht in ihre Richtung, den Ärmel noch zwischen den Lippen, die Augen rotgeheult und salzig. Er blickte Kathrin kurz ins Gesicht, dann über ihre Schulter.

„Scheiße! Ich sitze direkt unter deinem Fenster, ja? Ich hab gar nicht mehr daran gedacht. Und ich dachte, du hättest Besuch. Der eine Junge, der doch auch bei euch in der Klasse ist. Der Freund von der anderen da -" Tom drehte die flache Hand locker im Uhrzeigersinn in der Luft.

„Ja, nein, Bastian ist das. Er war auch nur kurz da, um -" Kathrin musste ein wenig zu lange schlucken, verschaffte sich zu auffällig Zeit. „Er hat sich was geholt, was wir noch brauchen für die Abschlussfeier morgen. Für die Shows."

Tom nickte und heuchelte, dass er die Geschichte schluckte.

„Er ist auch nicht ihr Freund, von Lara. Er ist mehr ihr Haustier oder so was und -", dann unterbrach sie sich endlich selbst, schwieg, bevor noch mehr dummes Zeug aus ihrem Mund herausfallen konnte. Dummes, entlarvendes Zeug. „Du siehst trotzdem nicht glücklich aus", brummte Tom einigermaßen genervt. Er sah so aus, als wolle er weitersprechen, aber Kathrin fiel ihm doch noch ins Wort.

„Du aber auch nicht gerade. Ich habe dich bis in mein Zimmer heulen gehört. Was denn los?"

„Das braucht dich ja nicht zu jucken! Und verstehen wirst du's auch nicht."

„Erklär's mir."

Zur Antwort holte Tom einen Packen Papiere unter sich hervor und hielt sie über seinen Kopf. Kathrin trat hinter ihn, nahm den Stoß Papiere und blätterte sie durch. Briefe von Schulen. Gymnasien, Berufskollegs – Tom schien jeder Möglichkeit nachgegangen zu sein, nach dem Abschluss mit der Schule weiterzumachen Sie brauchte jeweils nur die ersten paar Zeilen zu überfliegen, um zu verstehen, was los war.

„Wir bedauern, Ihnen mitteilen zu müssen", und so weiter. Ausschließlich Absagen.

„Ich habe alle angeschrieben. Auch nicht nur hier. In Freiburg unten die Schulen natürlich. Überall. Mein Durchschnitt haut einfach nicht hin. Zu viele Bewerber, haben sie geschrieben. Sehr großer Jahrgang. Der notwendige Notendurchschnitt ist für nächstes Schuljahr besonders heftig. Und blahblahblah kein Schulplatz. Nix. Ich soll es nächstes Jahr vielleicht noch einmal versuchen. Aber bei 3,0 kann man wohl nichts garantieren."

Jetzt erst drehte sich Tom wieder zu Kathrin um, hielt sich am Zaun fest und zog sich daran hoch. Sein Gesicht war Kathrins plötzlich ganz nah, nur ein paar Zentimeter entfernt. Seine Augen waren überall mit roten Linien durchzogen. Seine Haut strahlte eine feuchte Wärme aus, dass Kathrin sie trotz der Sommerhitze spüren konnte.

„Ich hab jetzt eigentlich gar nichts. Zumindest

nichts, was ich wollte. Und was kann ich jetzt?"
Kathrin wusste es nicht. Natürlich nicht! Sie hatte einen Einserschnitt. Keinen perfekten, 1,7, aber immerhin. Ihr waren alle weiterführenden Schulen offengestanden. Das Annahmeschreiben war schon vor zwei Wochen gekommen. Kathrin war eine der ersten in ihrer Klasse gewesen, die gewusst hatte, wie es weitergehen würde. Das hatte eigentlich von Anfang an festgestanden. Sie konnte jetzt natürlich viele Worte machen. Sie konnte viel erzählen – aber sie konnte nichts zu Tom sagen.

„Du guckst genauso blöd wie meine Eltern. Wir haben uns bis gerade angeschrien. Zwanzig Minuten lang nur Brüllen. Mal wieder. Ich habe ihnen immer wieder versprochen, dass es doch noch besser werden würde. In der Neunten. Dieses Schuljahr. Und sie haben mir vertraut, sagen sie. Ich hätte ihr

Vertrauen nicht annehmen dürfen, wenn ich es versauen würde. Das haben sie auch gesagt. Jetzt sind sie erst mal weggefahren und ich wollte meine Ruhe." Während seines ganzen Redeschwalls hatte sich Tom nicht von Kathrins Gesicht entfernt. Erst jetzt rückte er ab, blickte ihr aber weiter forschend ins Gesicht, dann plötzlich nach oben, wohin? Er konnte nur durch ihr Fenster blicken. Was gab es da zu sehen, außer die Zimmerdecke?

„Du bist, glaube ich, genau wie sie. Wie meine Eltern. Alles sauber und ordentlich und alles ist gut. Ich sehe dein Zimmer durch unser Flurfenster. Alles aufgeräumt, abgestaubt und sortiert. Dann funktioniert alles. Bei mir sieht's genauso aus. Aufräumen brauch ich nicht. Ich hab fast nix in meinem Zimmer. Meine Klamotten, die Bücher für die Schule. Meine Sachen. Aber das meiste ist im Wohnzimmer. Nicht nur die

Konsolen - alles. Der Laptop, die Bücher. Alles, was nichts mit der Schule zu tun hat oder zum Schlafen gebraucht wird. Und trotzdem hat bei mir nichts funktioniert. Aber das blickt man nicht, wieso irgendwas bei anderen alles kaputt macht, wenn es bei einem selber funktioniert. So zu leben und zu lernen und zu arbeiten."

Plötzlich brach Toms Blick ab. Er griff in seine Tasche und holte sein Handy heraus, das gerade zu vibrieren und blinken aufhörte. Er wischte mit dem Daumen, las, wischte wieder, las und tippte. Dann nickte er.

„Heute Abend ist Party. Am Stadtbach, bei der alten Mühle. Ich habe heute Mittag ein paar Leuten aus unserer Klasse und den Paraklassen geschrieben und herumgefragt. Die kommen. Heute Nacht, open end oder so. Wenn jeder was zu trinken mitbringt, klappt das so spontan."

„Heute Abend wollt ihr feiern?", fragte Kathrin ziemlich ungläubig. „Morgen Nachmittag ist Abschlussfeier, Zeugnisvergabe und alles!"

„Dann schlafen wir uns eben aus bis Mittag. Willst du mit, Kathrin?"

Tom lächelte. Und zum zweiten Mal an diesem Nachmittag wurde Kathrin plötzlich kalt. Er schaute sie so nett und hoffnungslos und dämlich an. *Er* war dämlich, das dachte Kathrin jetzt. *Und nett?*

„Darf ich jemanden mitbringen?", fragte sie dann.

„Wen? Deinen Bastian?"

„Das ist nicht meiner", zischte Kathrin. „Der würde auch nicht wollen, dar hat wahrscheinlich Wichtigeres zu tun mit anderen Leuten. Und er ist zu langweilig für so was, ganz ehrlich."

Wie seltsam. Kathrin war sich völlig im Klaren, dass sie es war, die sonst so beschrieben worden wäre. Von den extrovertierten Mädchen. Jetzt war sie für einen Augenblick genauso.

„Marie zum Beispiel."

„Welche?", fragte Tom mit plötzlich zittrigen Augen. „Unsere oder eure? Unsere ist ziemlich langweilig, ehrlich gesagt. Die sitzt nur herum und wartet, dass der Abend aufhört."

Da war wieder so eine Beschreibung. Kathrin erkannte sich darin wieder. Wieso zwang sie sich jetzt selbst, etwas anderes vorzuspielen? So zu reden.

„Unsere Marie?"

„Eure Marie? Das Mädchen, das dem Jungen den Schraubenzieher durch die Hand gejagt in einem ihrer Wutanfälle? Die Marie? Ist die überhaupt wieder rausgekommen?"

Kathrin nickte nur. Sie war an diesem Abend letztes Jahr dabei gewesen. Sie hatte es gesehen, das viele Blut und hatte das plötzliche Schreien und das Lachen gehört. Tom war damals nicht dabei gewesen, aber natürlich hatte innerhalb des nächsten Vormittags die ganze Schule davon erfahren und angefangen, Geschichten zu erzählen. Missverständnisse, Gerüchte, Lügen ... Natürlich kannte Tom nur die Halb- und Unwahrheiten. Vielleicht war es doch ein Fehler gewesen, damals dicht zu halten, um Marie zu schützen - und damit den Falschen das Reden zu überlassen?

Kathrin erinnerte sich, dass es ein lustiger Abend gewesen war. Es war übel geendet und eigentlich war es nicht Maries schuld gewesen. Nicht zu 100%!

„Tu, was du willst. Aber ohne sie wäre es mir klar lieber. Aber du kannst natürlich kommen, heute

Abend. Zur Party, meine ich."

Dann drehte sich Tom um und marschierte, ohne sich noch einmal umzudrehen, über das Gras und durch die Terrassentüre zurück in das Haus.

Erst, als Kathrin wieder in ihrem Zimmer auf dem Drehstuhl saß, fiel ihr auf, dass sie Toms gesammelte Ablehnungsschreiben noch in der Hand hatte.

Zwischen der alten und der neuen Stadt, 15:00 Uhr

„Was machst'n du?"

Marie hatte vor lauter Langeweile die Knie angezogen und den offenen Block, auf den sie fast nichts geschrieben hatte, zwischen Brust und Oberschenkel eingeklemmt. Stifte, das Handy, Essen und die Wasserflasche lagen um sie herum im Gras verstreut.

Die lockere Erde unter ihr hatte sich nicht als Ameisenhaufen, sondern als Maulwurfhügel entpuppt und Marie hatte sich ein paar Meter weiter nach rechts gesetzt. Neben ihr ging es gut sechs oder noch mehr Meter steil nach unten. Da sprach plötzlich jemand hinter ihr. Erschrocken zuckte sie zusammen, zögerte aber noch, sich umzudrehen, als die Jungenstimme wieder rief.

„Marie! Alles klar bei dir?"

Es war Mateo, Marie erkannte ihn jetzt an der Stimme. Sie klang doch noch ein Stück höher als die Stimmen von den anderen Jungs in ihrer Klasse, obwohl er zwei Jahre älter war als alle anderen. Statt sich den Nacken zu verrenken, um zuzusehen, wie Mateo den Hügel hinaufkam, hob Marie nur die Hand über die Schulter und winkte. Kurz darauf spürte sie schon Stoff ihren Arm entlang streifen, fühlte, wie er neben ihr stehen blieb und sich umsah. Dann setzte er sich in ihren Augenwinkel.

„Ich glaube, ich sitze auf einem Ameisenhaufen", brummte er. „Komisch. Was machst du hier?"

„Einen Scheiß!", murmelte Marie und warf frustriert die Hände in die Luft. „Ich dachte, das klappt alles besser. Ich dachte, ich such mir irgendeinen Platz, von wo ich die Stadt beobachten kann und sehen kann, wer mit wem unterwegs ist. Was so los ist, heute, wo doch alle freihaben und Zeit. Irgendwas Spannendes sehen!"

Mateo beugte sich vorsichtig vor und blickte um Marie herum.

„Block, Fernglas, Handy – für alles vorbereitet, ja? Gab's irgendwas Prickelndes?"

„Nein!", zischte Marie als Antwort. Jetzt, wo sie angefangen hatte, darüber zu sprechen, brach erst ihre ganze Frustration über den verlorenen Nachmittag hervor. „Niemand. Nichts Interessantes. Isabella habe ich gesehen, mit ein paar Leuten aus der Paraklasse. Aber die haben nur gelabert. Kein Streit oder so was. Mir ist schon klar, dass ich keine Ewigkeit weg war in der Klinik. In neun Wochen geht die Welt nicht unter, aber trotzdem! Ich hatte gedacht, ich könnte etwas

Neues entdecken. Aber nichts. Vorhin kamen die Jungs vorbei. *Die* Jungs. Matthias, Thorsten und so, die totalen Spasten halt. Sind unten den Bach auf- und abgelaufen und haben gebrüllt und gesungen: 'Nie wieder Schule, nie wieder Lernen'. Als ob sie nicht auf die Berufsschule gehen müssten, nächstes Jahr. Die sind halt eiskalt jetzt schon komplett besoffen. Hier liefen sie vorbei, sind drüben über die Fußgängerbrücke und auf der anderen Seite wieder zurück. Da haben schon zwei in die Büsche gekotzt und haben sich mit dem Fusel den Mund ausgespült. Yeah! Mal sehen, ob die morgen alle ihre Zeugnisse während der Feier mitnehmen können, oder ob jemand plötzlich mit 'Sommergrippe' im Krankenhaus liegt. Aber nein, daran denken sie nicht, wenn sie rumrennen wollen und brüllen wie die Mongos, die sie sind!"

Während ihres ganzen Gezeters hatte Mateo

nichts gesagt, hatte ihr nur ins Gesicht geblickt und gewartet, bis sie fertig war. Doch sein Blick hatte sich zunehmend verdüstert und erst, als er sich nach ihren letzten Worten wegdrehte, begriff Marie, dass sie zu weit gegangen war. Sie hätte wahrscheinlich ein bisschen auf ihre Wortwahl achten müssen. Sie hatte Mateos kleinen Bruder vergessen oder eher, den kleinen Sohn seiner Pflegeeltern. Ein süßer, schwarzhaariger Junge, kaum halb so groß wie sie. Marie hatte ihn einmal auf dem Weihnachtsmarkt der Schule gesehen, wie er sein seltsam lachendes Gesicht in einer Waffel mit Apfelmus versenkte. Manche Mädchen aus ihrer Klasse hatten das auch noch süß gefunden. Sie, Marie, dagegen war eher verstört gewesen vom Anblick eines sicher schon Neunjährigen, der seine Waffel nicht unfallfrei essen konnte, ohne sich vom Haaransatz bis zum Kragen zu bekleckern. Dann hatte er vor Freude an seinem klebrigen Gesicht laut und glucksend gelacht, dass die Fenster wackelten. Und Marie war auch das zu seltsam vorgekommen. Die wenigen Male, dass Marie bei Mateo daheim gewesen war, waren sie entweder alleine gewesen oder der Junge war still und beschäftigt gewesen. Sie waren einander erfolgreich aus dem Weg gegangen.

Sie wusste, dass das ein hässlicher Gedanke war. Dass das Kind nichts dafür konnte. Dass es einfach ein Kind war, vielleicht ein glücklicheres Kind, als sie selber in diesem Alter – oder jemals danach oder davor. Ganz sicher sogar. Und sie wusste von Mateo, dass seine Pflegeeltern glücklich waren. Und er selber auch. Niemand konnte etwas dafür, es war wohl etwas Genetisches. Ein Chromosom zu viel. Oder eines zu wenig. Oder irgend so was. Marie hatte gerade so die 4 in Bio für ihr Abschlusszeugnis gesichert, sie brauchte niemand zu fragen. Es war halt kein Alkoholkind oder so was. Aber trotzdem. Der Gedanke, selbst ein solches Kind zu bekommen, später – sie hatte hässliche Gedanken. Gedanken, die sie nicht aussprechen wollte. Marie hatte sich an sie gewöhnt, an ihre Hässlichkeit und Gemeinheit, aber sie musste trotzdem darauf aufpassen.

Wie lange hatte sie so nachgedacht, ohne etwas zu sagen?

„Du weißt ja – ich meine nicht-"

Mateo nickt einfach nur und nahm ihr das Wort ab.

„Die Typen, die Betrunkenen, meine ich. Die müssen sich heute noch ihren Träumen hingeben. Ich weiß aus gut unterrichteten Quellen, wer von denen schon ihren Ausbildungsplatz hat. Wer Abi weiter machen will. Wahrscheinlich die, die am lautesten rumbrüllen. Und wer bis jetzt gar nichts hat. Die einen haben Angst davor, dass sie nix haben und die anderen haben Angst vor dem, was sie haben. Und du? Ist jetzt was sicher, wie es weitergeht?"

Marie zuckte mit den Schultern.

„FSJ, wahrscheinlich immer noch. Kein Geld, viel Arbeit. Zumindest, wenn die Ärzte mitspielen und mich so was machen lassen. Die Behandlung muss ambulant weitergehen. Selbst?"

Mateo wiederholte ihre ersten zwei Sätze Wort für Wort. Für ein paar Sekunden herrschte eine seltsame Stille, als wüssten beide nicht, was sie von diesem Blödsinn halten sollten. Dann lachten sie beide gleichzeitig los.

„Also sonst nichts gesehen, außer ein paar Betrunkene, ja?"

„Nein, gar nichts los. Bastian habe ich vorhin gesehen. Er ist unten am Bach herumgegeistert, keine Ahnung, wieso oder wo er herkam."

„Ich weiß es", grinste Mateo. „Ich bin ihm über den Weg gelaufen, als ich vom Zahnarzt heim bin. Gerade, als er bei Kathrin aus dem Haus kam."

„Kathrin?", fragte Marie, verschluckte sich fast an dem Namen. „Unsere Kathrin?"

„Eben die. Deine Kathrin. Es sah fast wie eine Flucht aus oder zumindest, wie ein schneller Abschied. Interessant anzusehen. Ich hätte nie gedacht, dass Bastian das Haus eines anderen Mädchens betreten darf. Und dann vielleicht noch in ihr Zimmer, ohne …", er überlegte kurz und Marie ergriff die Chance: „Ohne in Flammen aufzugehen oder dass dunkle Engel von der anderen Seite des Baches kommen und ihn mitnehmen oder so ein Blödsinn."

Mateo kichert. Das war genau der gruftige Kitsch, den Lara immer wieder von sich ließ. Bastians Lara. Oder besser: Lara, der Bastian gehörte.

Auf den ersten Blick hätte man glauben können, der stille, aufmerksame Mateo und die laute, präsente Lara stünden auf der gleichen Seite. Die gleichen schwarzen Fingernägel, ganz ähnliche Kleidung: immer lang, immer schwarz. Wo Lara schwarzen Lippenstift trug, hatte Mateo sauber gezogene, schwarze Augenbrauen. *Tatsächlich glaubten viele in der Schule, die beiden müssten sich vertragen*, dachte Marie, *und die wenigsten können wirklich verstehen, wieso sie einander so wenig ausstehen können. Sie sind in ihrem Verhalten so verschieden. Was der eine treibt, könnte der andere nie durchziehen. Man muss sie beide irgendwie kennen, sonst sieht man nur, was man im Vorbeigehen eben mitbekommen kann.* Gleiche Klasse, gleiche Kleidung, die einzigen unter 600 oder so Schülern, die ihren Stil so durchzogen. Aber sie waren wie zwei unterschiedliche Seiten der gleichen Idee. *Lara ist laut, ja, aber lebendig,* dachte Marie, *sie weiß, was sie braucht. Mateo -*

„Leise", murmelt Marie.

„Was meinst du?"

„Nichts. Ich habe nur nachgedacht. Es ist hier einfach zu leise, meinte ich. Zu ruhig. Langweilig."

„Dann gehen wir doch irgendwo hin, wo mehr los ist", schlug Mateo vor. „In die Stadt zum Beispiel. Tee trinken?"

Dann stand er auf und streckte Marie die Hand hin.

„Komm!", sagte er. „Ich lade dich ein!"

Marie blickte zweifelnd auf Mateos rechte Hand. Die, mit der tiefen, dunkelroten, runden Einbuchtung in der Mitte mit dem Umfang eines

Schraubenziehers. Es war ein bedrückend langweiliger Abend gewesen, damals. Dann hatte sie ihn penetriert – ihr gefiel das Wort, der Gedanke – und es war ein furchtbarer Abend geworden. Furchtbar, aber spannend. Lebendig. Dass er ihr verziehen hatte …

„In den billigen Backshop in der Fußgängerzone oder ins Teehaus?", fragte sie.

„Du stellst wie immer die wichtigen Fragen. Ins Teehaus. Ich habe genug Geld dabei."

„Klingt gut", sagte Marie, ergriff seine Hand und stand auf.

Während sie nebeneinander durch das Gras den Hügel hinaufgingen, kreisten alle ihre Gedanken um einen einzigen Punkt.

„Was weißt du über Bastian? Habe ich was verpasst, als ich weg war?"

Mateo zuckte mit den Schultern und ging

weiter. „Nichts Besonders, viel haben wir ja nicht miteinander zu tun und Lara ist irgendwie im Weg."

„Ja schon", keuchte Marie, die Mühe hatte, mit Mateos langen Schritten mitzuhalten. „Aber ihn, meine ich. Wie schätzt du ihn ein? Er sieht nie besonders glücklich aus, nicht? Weißt du, was bei denen so Sache ist?"

Mateo ging weiter, drehte sich aber halb zu ihr um, die Handflächen zum Himmel gedreht, als wollte er beten.

„Ich bitte dich! Die ganze Schule weiß, was bei den Beiden für ein Blödsinn Sache ist."

„Und mehr weißt du auch nicht?"

„Mehr interessiert mich nicht. Denn wir können ja ohnehin nichts machen und selbst wenn, Bastian will es ja anscheinend so, wie es ist. Er ist Laras Nummer zwei und wenn ihn das schon nicht glücklich macht, es macht ihn ja anscheinend irgendwie zufrieden. Und ändern kann er wohl auch nichts daran." Damit war für Mateo anscheinend alles gesagt, denn er drehte sich wieder um und trat vom Gras auf den Fußweg am unteren Ende des Abhangs.

Marie trottete hinter ihm her und dachte weiter. Von Mateo war also kein Rat zu erwarten, ihn würde das nicht interessieren. *Bastian ist unglücklich mit dem, wie es ist, aber alle möglichen Alternativen würden ihn nur noch unglücklicher machen,* dachte sie. Aber ganz richtig war das ja nicht.

Marie dachte an das, was sie seit über einer Woche auf einer SD-Karte mit sich herumtrug. Das konnte etwas Großes für Bastian bedeuten. Sollte sie mit jemandem darüber reden? Würde sie es durchziehen können?

Bastian ist unglücklich, aber vielleicht gibt es einen Weg, das noch zu ändern.

In der Altstadt, 14:30 Uhr

Der „Petit Salon de Thé" lag in einer ruhigen Seitengasse der Fußgängerzone im Erdgeschoss eines grauen, bröselnden Fachwerkhauses. Hier war es leise. Nur um zwei Ecken und man war in der Fußgängerzone, wo die Busse fuhren und Menschenmassen von Geschäft zu Geschäft strömten. Im Salon hörte man davon aber nichts. Und sogar im kleinen Garten draußen, hinter dem Haus, war es leise. Die Mauer um den Garten schirmte ihn vom Lärm ab und das weiche Gras dämpfte sogar die Schritte.

Sogar die Luft schien irgendwie ruhiger: kühl und schattig, aber ohne jede Bewegung, obwohl auf der anderen Seite des Gebäudes die Sonne auf den Asphalt brannte. Jedes Mal quoll eine unsichtbare Wolke aus Düften auf die Gasse wenn jemand die Türe zum Verkaufsraum des Salons öffnete. Vanille, Beeren,

Gewürze … Die Tees, die all diese vielen Düfte bereithielten, lagerten dort in riesigen, dickwandigen Gläsern, die teilweise so groß und schwer waren, dass sie von zwei Leuten von den Regalen geholt werden mussten. Der Raum war so eng mit Regalen zugestellt, dass man kaum durchkommen konnte, ohne zu riskieren, etwas hinunterzureißen

Wegen der Ruhe, der vielen angenehmen Gerüchen, dem Ambiente hatte Khaleb das Teehaus gewählt. Weil sie hier ihre Ruhe haben würden, denn kaum Schüler kamen hier her, wenn sie sich genauso auf der großen Einkaufsstraße etwas holen konnten.

Sie würden Zeit für sich haben, er und Tuyet. Und außerdem war der Petit Salon de Thé auch nicht besonders billig. Das würde vielleicht ganz gut aussehen.

Jetzt saßen sie sich also gegenüber. Khaleb

über einem süßen Tee, Hazelnut Cookie Chai, den er jetzt schon bereute.

„Schmeckt wie ein Keks für Leute, die nicht mehr essen können. Ein Ei und ein bisschen Mehl dazu und wir könnten daraus einen Kuchen backen."

Tuyet lächelte. Grinste sogar breit. Khaleb konnte sehen, dass sich in der perfekten oberen Zahnreihe ein schiefer Zahn befand. Neben dem linken Schneidezahn. Einer der Reißzähne – hießen die beim Menschen auch so? Jedenfalls war einer schief und lag irgendwie schräg im Kiefer und schob sich ein paar Millimeter vor den benachbarten Schneidezahn.

„Du trinkst nicht viel Tee, nicht, Khaleb? Ich hätte dich beraten können."

In ihren schmalen, schwarzen Augen funkelte etwas. Eine Perle vielleicht. Oder ein Kristall? Nein! Perle wäre ein bescheuerter Ausdruck. Wie ein Tumor im Auge oder so was. Ein Blitzen! Das passte.

Ihre Augen blitzten weiter, während sie ihre Tasse hob. Ein weißes, dünnwandiges Ding mit winzigem Henkel. Das zierliche Kännchen aus blassrosa Keramik passte sehr gut dazu. Und zu ihr, fand Khaleb. Er hatte einfach einen langweiligen, dunkelgrünen Becher mit einem Teebeutel darin bekommen.

„Echter japanischer Matcha. Willst du probieren?"
Khaleb schüttelte den Kopf und griff schnell nach seinem Becher.

„Danke!", sagte er noch schnell. Dann tranken beide.

„Hast du eigentlich", fragte Tuyet so plötzlich in das Nippen und Schweigen hinein, dass Khaleb beinahe erschrak. „Hast du dir eigentlich die Quittung geben lassen?"

Quittung? Wollte sie etwa ihren Anteil bezahlen?

„Nein", sagte er unsicher, „wieso?"

„Steuerhinterziehung!", flüsterte Tuyet und grinste wieder ihr Grinsen mit dem schiefen Zahn angesichts Khalebs wohl offensichtlichen Unverständnisses.

„Es ist so: Es gibt zwei verschiedene Steuersätze. 19 % und 7 %. Je nachdem, ob der Kunde das Essen oder Trinken mitnimmt oder im Restaurant isst. Oder trinkt, halt. Wenn sie bleiben, sind die Steuern höher und der Chef verdient weniger. Und der Trick?"

„Der Trick?", fragte Khaleb zurück, der keine Ahnung hatte, was das alles eigentlich sollte.

Tuyet antwortete: „Der Trick ist, dass man in

die Kasse eingibt, dass der Kunde es mitnimmt, obwohl er es im Restaurant isst oder trinkt. 12 % mehr Gewinn! Schließlich verlangt ja niemand zwei verschiedene Preise für Mitnehmen und Da-Essen.

Tuyet blickte ihn erwartungsvoll an. Starrte fast. Viel zu erwartungsvoll, Khaleb hatte nicht die leiseste Ahnung, was sie von ihm erwartete.

„Was hat das jetzt mit dem Kassenzettel zu tun?", fragte Khaleb.

„Auf dem Kassenzettel steht der Steuersatz. Und dann hätten wir rausfinden können, ob der Chef hier Steuern hinterzieht. Mit deinem Chemiezeugs und meinem ganz entzückenden Tee", flüsterte Tuyet schnell.

„Woher weißt du denn das alles?"

„Ich habe Wirtschaft auf dem Gymnasium. Aber dort haben wir das gar nicht gelernt. Ich arbeite an den Wochenenden in 'nem Burgerladen in der Stadt. Da machen wir das ständig so. Oder müssen es machen. Ziemlich schäbig. Aber das habe ich dir doch geschrieben oder nicht?"

Sie hatte viel geschrieben. Er genauso. Zuerst im Forum. Dann per WhatsApp. Was alles, daran erinnerte sich Khaleb nicht mehr.

Über sich, natürlich.

„Ich bin Khaleb, 16 Jahre. Abschlussschüler. Bin fast fertig."

„Ich bin Tuyet. Ich wohne im Tal, in Freiburg. Ich bin dort auf dem Gymnasium. 11. Klasse."

Nach gerade mal zwei Wochen fingen sie an, ehrlich miteinander zu sprechen.

„Während der Prüfungsvorbereitung habe ich manchmal vor Stress geheult. Ich hatte so Angst, dass ich durchrassle."

„Ich kotze manchmal vor Stress. Manchmal klappt es von alleine. Manchmal auch nicht. Aber nicht wegen der Schule, da klappt es ganz gut."

„Hast du viele Freunde?"

„Nicht wirklich viele. Ich habe manchmal Angst, mit anderen zu reden. Es gibt wenige Leute, denen ich vieles erzähle. Und den meisten sage ich gar nichts. In der elften Klasse sucht keiner mehr neue Freunde. Aber in meiner Familie hat man allgemein wenige Freunde, schätze ich. Mein kleiner Bruder auch nicht. Das ist schade."

„Schreibst du deswegen mit Fremden im Internet?"

„Hast du eine bessere Ausrede?"

„Mir ist langweilig. Zu viel Stress und trotzdem nichts los."

„Und das ist alles?"

„Natürlich nicht. Ich lebe hier seit meiner Geburt. Seit sechzehn Jahren. Mir geht es genauso wie dir, glaube ich. Wenn man schon immer da war und es mit Freunden trotzdem nie so recht geklappt hat, dann wird man gar nicht mehr wahrgenommen als jemand, mit dem man sich anfreunden könnte. Und so bleibt das dann eben auch."

In der Zwischenzeit hatte sich Khaleb schon viel vorgestellt, ein bisschen geplant. Aber den ersten Schritt hatte dann Tuyet übernommen. Und Khaleb hätte es fast ruiniert.

„Sollen wir uns mal treffen, wenn deine Prüfungen vorbei sind?"

„Natürlich! Aber vorher geht es leider wirklich nicht, ich bin zu nichts zu gebrauchen, wenn die Prüfungen nicht rum sind. Kein vernünftiger Satz. Bist du noch Jungfrau?"

„Fick dich, Wichser! Dafür brauche ich kein

Treffen mit dir! Eineinhalb Stunden Zugfahrt kann es nicht wert sein!"

„So war das nicht gemeint! Ich wollte nur reden – über so was und alles mögliche!"

Tuyet hatte ihn zwei ganze Nachmittage warten lassen, in denen er schon gedacht hat, dass es das gewesen wäre. Stille, keine Wort von ihr, keine Reaktion auf seine zaghaften Nachfragen, ob es ihr denn gut gehe.

„Vielleicht sollten wir uns treffen, vielleicht war es nur dummes Timing, na klar – treffen wir uns in zwei Wochen? Und nein. Im Gegensatz zu dir bin ich keine Jungfrau mehr. Du musst aber keine Angst haben, daran wird sich dann auch nichts ändern."

„Perfekt. Zwei Wochen. Ich lade dich zum Tee ein."

Etwa so ähnlich waren alle ihre vielen Gespräche über die letzten vier Wochen insgesamt verlaufen. Natürlich hatten sie über viel mehr geschrieben. Über ihre Städte, ihre Schulen, ihre Lehrer. Ihre Familien, wer noch alles davon am Leben war, wer nicht. Aber Khaleb waren nur diese wichtigsten Wegmarken im Gedächtnis geblieben. Die Gelegenheiten, bei denen er sich auf die Lippen gebissen hatte, am liebsten einfach aufgehört hätte, zu antworten, weil es ihm so unangenehm war. Dass er keine Ahnung hatte, was er sagen sollte, bloß, dass alles Müll war, was er schrieb und alles noch blöder werden würde.

Aber erst jetzt wurde ihm wirklich klar, wie viel einfacher es war, alles zu versauen. Er hatte es sich in ruhigen Momenten schon manchmal hoffnungslos vorgestellt, aber so? Oder fühlte es sich nur so an und lief in Wirklichkeit alles gut? Woran erkannte man das? Sicher daran, dass einem nichts mehr zu sagen einfiel, wie genau jetzt.

„Am Gymi sagen sie, dass ihre Prüfungen zu schwer waren. Die haben jetzt schon so eine Onlinepetition gestartet. Dass die Prüfungen wiederholt werden oder die Noten angepasst werden oder so was."

Jedenfalls war es nichts Vernünftiges, das ihm zu sagen einfiel.

Tuyet hörte ihm aber schon nicht mehr zu, das sah man ihrem Gesicht an. Ihre tiefen, runden, schwarzen Augen starrten an seinem Gesicht links vorbei. *60° plus-minus,* schätzte Khaleb. Hatte er sein Geodreieck noch in der Tasche? Er könnte nachmessen.

Die Matheprüfung hat mir das Gehirn versaut, dachte er.

„Dreh dich mal nicht um", sagte sie plötzlich ganz leise. „Guck nur ein bisschen nach rechts. Nach links, von dir aus. Gerade hat sich das bombigste Pärchen hingesetzt – nicht so auffällig, Mensch! Warte einfach, ich male sie dir mit Worten: Da ist gerade ein Pärchen reingekommen. Ein laufendes Sahnebonbon und eine menschliche Fledermaus. Das ist so grell. Er ist komplett schwarz. Schwarze Stiefel, schwarzes Hemd, schwarze Hose. Und sie -" Khaleb konnte sehen, wie sich Tuyets Augen weiteten, noch größer, noch runder wurden.

„Das Mädchen sieht aus wie Erdbeerwoche bei

Lilifee. Alles bonbonrosa oder weiß. Die Schuhe, die Söckchen -"

Khaleb begriff und unterbrach sie: „Sie trägt einen rosa Rock. Oder einen weißen. Mit so -", er gestikulierte verzweifelt etwas in die Luft, dass Rüschen nachzeichnen sollte. Tuyet nickte. „Und sie hat krass kurze Haare? So wirklich zu kurze Haare für ein Mädchen – Igelschnitt! 5 cm?"

Da brach es aus Tuyet heraus. Ein Kreischen, ein schreiendes Lachen, das in Khalebs Augen so gar nicht zu ihr passte. Zu ihren runden, weichen Wangen. Zu ihren klugen Monologen über Steuern und was auch immer sie sonst noch alles erzählt hatte. Es passte nicht zu dem, was er sich vorgestellt hatte. Und das gefiel ihm nicht. Khaleb spürte fast körperlich, wie Augen sich in ihre Richtung drehten. Wie sie gemustert wurden, weil Tuyet die Aufmerksamkeit auf sich gelenkt hatte. Ihm gefiel diese Aufmerksamkeit noch weniger. Nicht von den Fremden und nicht von Marie und Mateo. Ein kurzer, erschrockener Blick zur Seite hatte seinen Verdacht bestätigt: Es waren tatsächlich diese beiden, die Tuyet entdeckt hatte. Eigentlich waren ihm die beiden egal, aber trotzdem! Als er Tuyet plötzlich so lachen sah, war plötzlich der eine, leicht schiefe Zahn nicht mehr süß. Er sah so groß und unerträglich aus wie ihr Lachen klang.

„Ignoriere sie einfach", zischte er. Es klang aggressiver, als er gewollt hatte. Aber schlecht war das eigentlich nicht. Zumindest unterbrach sein scharfer Ton ihren Lachanfall und sie war endlich wieder still.

„Was hast du denn? Ich habe einfach nicht gewusst, dass Freiweiler groß genug ist für solche Subkulturen. Und dann noch friedlich vereint über zwei Tassen Tee. Du kennst die beiden doch, oder?

Sind die ein Paar?"

Was sollte das denn jetzt?

„Interessiert dich das? Die beiden Freaks sind an meiner Schule. In der Parallelklasse, die haben auch ihren Abschluss gemacht. Dass sie es überhaupt gepackt hat!"

„Freaks?", fragte Tuyet verwirrt.

„Ja, halt. Du siehst sie doch! Die beiden sind kompliziert. Keine Ahnung, ob er je eine Freundin gehabt hat. Wirklich zusammen sind die beiden irgendwie nicht. Und Marie – man hört so ein paar Sachen, wer sie hatte und so."

„*Wer* sie *hatte*?", wiederholte Tuyet in einem Tonfall, bei dem klar war, dass ihr seine Formulierung gehörig gegen den Strich ging.

„Wen sie hatte?", versuchte es Khaleb nochmal.

„Das hört man also? Erzählt man sich in den Pausen so? Auf dem Jungsklo oder was?"

Khaleb ärgerte sich, dass ihr Ton jetzt auch schärfer geworden war. Wieso mussten sie sich über so was unterhalten?

Er zuckte mit den Schultern.

„Genaues weiß ich doch auch nicht. Ich habe halt mit den beiden nichts zu tun."

Er nippte an seinem Tee. Tuyet dagegen legte den Kopf in den Nacken und leerte ihr Tässchen in einem Zug. War das nicht heiß – oder ging es ihr darum, möglichst schnell fertig zu werden?

„Was hast du für heute geplant?"

„Netflix?", murmelte Khaleb. Langsam, leise, unsicher. Ein so plötzlicher Themenwechsel konnte nichts Gutes bedeuten. „Was zu essen aufbacken. Und dann – wie lang kannst du denn bleiben? Heute Abend soll es eine Party geben, unten am Bach irgendwo. In unserem geheimen Stufenchat haben die Jungs was geschrieben. Ich wollte da eigentlich nicht hin, aber wenn du willst. Interessiert dich das?" Ihn interessierte die Party sicher nicht. Aber er musste etwas sagen, schnell, bevor ihm die Situation entglitt. Die Party war das Erste und Einzige gewesen, was ihm eingefallen war. Konnte *sie* sich überhaupt dafür interessieren? Immerhin kannte sie in der ganzen Stadt niemanden außer ihn.

„Einen geheimen Stufenchat habt ihr hier sogar auch? Wow!" Rollte sie etwa mit den Augen?

„Also, nicht supergeheim, aber den haben halt Leute in der Stufe so eingerichtet für wichtige Besprechungen - ohne Eltern oder Lehrer oder so. Für Partys zum Beispiel."

„Party der Dorfjugend.", murmelte Tuyet

sarkastisch, verbesserte sich aber gleich wieder: „Entschuldige. Aber ja, vielleicht. Man muss ja immer wieder etwas unternehmen, über das man sich dann erzählt. Auf dem Jungsklo und so? Ein paar Geschichten über die anderen, über die alle reden?"

Sie stand auf.

„Ruf mich an, Khaleb, wenn du dort hingehst, ja? Oder schreib mir eine Nachricht. Ernsthaft. Aber vorher schau ich mich hier erstmal um. In der Stadt, meine ich. Ich wollte das mit dir machen aber – ich mache das erst mal alleine. Sei nicht sauer, ja?"

Die Worte sprudelten schnell, fast gehetzt hervor. Khaleb hatte der Situation kaum folgen und nur nicken können. Dann lächelte sie doch noch und murmelte: „Danke. Wirklich. Und ruf mich auch echt an!"

Und dann verschwand sie mit schnellen, langen

Schritten über den Rasen, ihren Rucksack nur halb geschultert. Khaleb hatte keine Ahnung, was das bedeutete. Nur aus den Augenwinkeln sah er, wie sich Tuyet noch einmal umdrehte. Lächelte sie ihn an? Er wollte nicht hinsehen. Er verstand nichts, bloß, dass nichts so gelaufen war, wie es hätte laufen sollen. Nicht unbedingt so, wie er es sich *manchmal* vorgestellt hatte, wie er es ihr nie erzählt hätte. Aber immerhin irgendwie anders!

Was sollte er jetzt tun? Heute Abend an den Bach gehen, zu dieser inoffiziellen Abschlussparty. Wer würde da rumhängen? Pfeifen wie Tom, von dem Khaleb immer noch nicht begreifen konnte, wie er den Abschluss überhaupt geschafft hatte. Oder Chaoten wie Thorsten und den Jungs, besoffen und aggressiv? Lara mit ihrem Schoßhund? Oder die beiden Freaks etwa, die ihm mit ihrem Erscheinen das Date versaut hatten? Auf niemanden hatte Khaleb große Lust. Und er spürte, so sehr Tuyet ihn am Anfang interessiert hatte, nicht einmal sie würde es schaffen, ihn heute Abend herauszulocken auf die Wiese am Bach.

Am Tisch gegenüber, 14:45 Uhr

Marie hatte versucht, mit dem Handy Fotos zu machen, aber es hatte nicht geklappt. Die Kamera brauchte zu lange, um zu fokussieren. Und unauffällig ging das ganze auch nicht.

„Ich hätte jetzt gerne Kathrin dabei. Die hat die richtige Ausrüstung für so was."

„Spionagesoftware?", fragte Mateo.

„Nein. Kameras. Große und kleine, mit Mikrofonen, seit sie ein bisschen von Fotos auf Filme umgestiegen ist. Kathrin hat mir gezeigt, wie man damit umgeht. Gar nicht so einfach, wie es aussieht."

„Steht sie so darauf? Fotos machen und so was?"

Marie blickte vom leeren Tisch gegenüber auf, an dem Khaleb mit dem fremden Mädchen gesessen war und zu Mateo hinüber, der schon wieder an seinem Milchkaffee nippte.

„Hast du das nicht gewusst? Sie macht seit Jahren Fotografie. Sie hat auch schon eine Menge Nachwuchspreise dafür bekommen. Fast alle Fotos auf der Homepage unserer Jugendgruppe sind von ihr."

„Im Ernst? Glaubst du, sie könnte uns auf einem unserer Konzerte fotografieren? Das wäre voll gut, so als Werbung."

Marie kicherte und schüttelte den Kopf.

„Mateo, ich glaube nicht, dass Kathrin eure Musik mag."

„Kein Jazz?"

Wieder Kopfschütteln, kurzes Schweigen.

„Wahrscheinlich hätte sie sowieso nicht mitgemacht", sagte Marie langsam und leise. „Sie hätte gesagt, dass ich die Leute ausspionieren möchte und sie das nicht gut findet. So muss ich mich damit zufriedengeben."

Marie entsperrte ihr Handy und hielt Mateo den leuchtenden Bildschirm hin. Khaleb und das schwarzhaarige Mädchen waren darauf zu sehen. Dunkel, verwischt und kaum erkennbar.

„Ich habe keine Ahnung, wer das Mädchen ist. Total spannend. War das ein Date, was meinst du?"

Jetzt war es Mateo, der den Kopf schüttelte.

„Ich habe keine Ahnung. Das Mädchen habe ich hier noch nie gesehen."

„Findest du sie hübsch? Mateo?"

Schulterzucken als Antwort.

„Hübscher als mich?"

„Du kannst mich mal!"

„Ich bin mir sicher, das hättest du gerne."

Beide kicherten dümmlich wie die Sechstklässler, die ihnen sonst seit Jahren auf den Geist gingen.

„Sie war etwa so alt wie wir, mehr oder weniger", dachte Marie laut nach. „Und klang, als hätte sie sich gut amüsiert. Sah so aus, als lachte sie über uns."

„Ich weiß nicht", erwiderte Mateo, „ich fand das ganz nett. So ungehemmt. Natürliche Kraft oder so."

„Geklappt scheint es aber nicht zu haben. Das war ja ein ziemlich überstürzter Aufbruch. Khaleb hat ganz betrippelt ausgesehen, als sie gegangen ist."

„Genau das, was du sehen wolltest, auf deinem kleinen Aussichtsposten auf der Stadtmauer, nicht?"

Marie nickt langsam.

„Wer hätte gedacht, dass man Menschen besser beobachten kann, wenn man sich einfach mitten reinsetzt. Wollen wir nicht zusammen weiter machen,

Mateo? Heute Nachmittag und heute Abend! Ich habe voll Bock, wieder irgendeinen Quatsch zu machen, gemeinsam, du nicht?"

Zur Antwort hob Mateo seine Hand, die runde, rote Narbe Marie zugewandt.

„Das letzte Mal, als du auf irgendwas voll Bock hattest, hat das so geendet. Also garantiere ich lieber nichts."

„Du bist doch nicht immer noch sauer? Und das letzte Mal war das ja auch nicht", fügte sie kleinlaut hinzu.

Wenn es auch immer weniger geworden ist mit der Zeit, fügte Marie in Gedanken hinzu.

Mateo antwortete nicht, schwieg nur und blickte an ihrem Gesicht vorbei.

Marie gab nicht auf und machte einen weiteren Versuch.

„Okay – Bock auf Party?" Mateo blinzelt. „Was hat das jetzt -", aber Marie unterbrach ihn, indem sie ihm wieder das Handy entgegenstreckt.

„Scrolle hoch!"

Mateo wischte durch den Gruppenchat und las.

„Party am Bach ... alte Wassermühle ... Schnaps selber mitbringen." Er schielte über den Rand des Smartphones. „Eine inoffizielle Abschlussfeier am Bach? Wir beide sind dort doch bestimmt nicht eingeladen. Abgesehen davon – willst du wirklich da hin? Zu Thorsten und Tom aus der Paraklasse?"

„Na mal gucken auf jeden Fall! Die treffen sich erst um zehn, da wird es schon halb dunkel sein. Wir würden kaum auffallen. Und wenn es dir peinlich ist auf einer Klassenparty zu sein, müssen wir einfach nur rumknutschen, dann sieht es so aus, als wären wir zufällig vorbeigekommen, als wären wir auf der Suche nach einem ruhigen Plätzchen. Glauben würden sie es uns allemal!"

Mateos Augenbrauen hoben sich beinahe bis zum Haaransatz.

„Ich verzichte, Marie. Danke! Zumindest auf den letzten Teil. Nimm es mir nicht persönlich, du beißt bestimmt beim Küssen, das brauche ich nicht. Aber wenn du dir die Party ansehen willst – keine Ahnung, vielleicht."

Mateo sah sie schon nicht mehr an, sondern wischte wieder über den Bildschirm des Handys, das ihm Marie immer noch hinhielt. Seine Augen zuckten hoch und runter. Hoch und runter. Er scrollte durch den Chatverlauf.

„Ich wusste gar nicht", murmelte er, während er weiterlas, „dass du im geheimen Stufenchat bist. Bei

WhatsApp, klar. Aber hier?"

„Willst du rein?"

„Was meinst du? Dafür muss man doch freigeschaltet werden. Die App funktioniert doch auch so, dass man eingeladen und autorisiert werden muss. Ich habe keine Ahnung, wer das macht. Und wenn die mich fragen, wer ich bin, dann ist es klar, dass ich nicht reinkomme."

Marie zog das Handy zurück zu sich und wedelt mit der freien, flachen Hand vor seinem Gesicht. Aber Mateo verstand nicht.

„Wer, glaubst du, kam auf die Idee, einen Chat einzurichten, in den man nur mit Einladung kommt. Der von niemandem eingesehen werden kann und wo man sich ohne Telefonnummer anmelden kann? Die Idioten in der Klasse haben es ja sogar geschafft, sich einander im Klassenchat nach Pot zu fragen. In dem

Klassenchat, in dem schon mindestens zwei Lehrer gewesen sind. Das konnte ich ja so nicht lassen!"

„Du hast den Chat eingerichtet?"

„Nicht ich direkt - aber ich habe Moderationsrechte drinnen - das würde halt eiskalt keiner erwarten. Kathrin und ich, wir haben das während der letzten Sommerferien überlegt. Da kamen wir auf die Idee. Es gibt die App ganz normal zum Runterladen. Und es kommt niemand an die Nachrichten ran. Kathrin hat dann halt die ersten eingeladen - dich nicht? Die Moderatoren kennen auch nur die Nutzernamen - keine Ahnung. Sobald ich jemanden aus den Chat schmeiße, sieht der gar nichts mehr."

„Das klingt ja furchtbar."

„Einfach nur freier. Wie man halt so redet, wenn einem keiner so einfach Ärger dafür machen kann."

„Ist das denn wirklich sicherer?" Marie zuckte mit den Schultern.

„Wahrscheinlich nicht wirklich. Ich lasse jeden rein, der mir die Adresse der Schule sagen kann, ohne dass ich ihm sage, um welche Schule es geht. Es kann gut sein, dass Leute mit zwei oder drei Namen gleichzeitig drinnen sind. Wahrscheinlich wird das alles so wieder unsicherer. Aber es ist so geil alles lesen zu können, was die Leute dort schreiben. Auch, wenn er manchmal auch ziemlich ... eklig werden kann, wenn man selber zum Thema wird ... jedenfalls ... Es ist wie der Keller unseres offiziellen Gruppenchats. Oben geht alles zivilisiert zu, es geht um Hausaufgaben und Klassenarbeiten und was weiß ich was. Das Leben ist eine Etage tiefer."

„Das Leben besteht aus Schnaps am Bach? Ne,

kann ich verzichten darauf. Du benutzt das doch bestimmt nur zum Spionieren, oder?"

„Nein, einfach um zu sehen, was für die anderen so wichtig ist Tag für Tag. Mittlerweile sind auch ein paar drinnen, von denen ich weiß, dass sie nicht von unserer Schule sind. Aber das passt. Martin ist drinnen, aber der schreibt nie viel. Will wohl nicht auffallen."

Mateo legte die Stirn in Falten. Er sah aus, als würde ihm langsam zu warm in der Sommerhitze. Aber er hatte vorhin darauf bestanden, ihr den schattigeren Platz zu überlassen.

„Der Freund von Lara, Mensch! Der bei der Bundeswehr ist. Max kommt manchmal bei denen vorbei. Die machen da die Wartung der Fahrzeuge - also Autos, halt. LKW. Keine Panzer - das wäre schon hart geil! Auf jeden Fall: Mein Cousin, du kennst doch

- ach, egal. Du weißt, es ist kompliziert. Egal, also: Die kennen sich und ich kenne ihn mittlerweile auch ein bisschen."

„Ach so", antwortete Mateo.

„Ansonsten geht es um das übliche Zeug. Wer was mit wem hat und wer nicht mehr. Wer das größte Arschloch ist und so weiter und so fort", sagte Marie und begann plötzlich zu kichern. „Ich bin fast verwundert, wie selten mein Name aufgetaucht ist, als ich weg war. Eine Woche Lästereien und dann so ziemlich nichts mehr." *Auch, wenn nichts davon sehr nett war. Wie im echten Leben*, dachte Marie, *gut, dass keiner weiß, dass ich da bin.*

Mateo nickte nur.

Wir haben seit Wochen fast nichts mehr miteinander zu tun, dachte Marie weiter und nippte an ihrem Tee. *Was bei mir abgeht, interessiert ihn kaum mehr. Und ich weiß gar nicht, was ihn beschäftigt. Das ist anscheinend, wie solche Sachen enden. Im Sommer am Ende der Schulzeit.*

Aber Marie zwang sich, nicht weiterzudenken, nicht traurig zu werden. Sie musste jetzt an andere denken. Bastian zum Beispiel.

Etwas später, in Gedanken.

Sein Akku würde bald leer sein, aber das war Bastian jetzt egal. Er musste seinen Bildschirm auf volle Helligkeit eingestellt lassen. Sogar hier in der Nische zwischen dem Friseursalon und dem Schreibwarengeschäft, wo es schattig war. Auch, wenn er sich mit dem Rücken an die Wand gepresst hinkniete, den Oberkörper von der Sonne abgewandt, war es noch zu hell, um alles auf dem Bildschirm zu sehen. Die Sonne brannte vom wolkenlosen Himmel herab. Die strahlend weißen Wände der Häuser um Bastian herum nahmen das Licht auf und warfen es zurück. Auch in seine Richtung, als er auf den viel zu hell eingestellten Bildschirm starrte. In seinen Augenwinkeln sah er das Flimmern der heißen Luft über dem Asphalt. All das gab ihm heftige Kopfschmerzen, doch er versuchte, die kraftraubende

Hitze zu ignorieren und die Schmerzen herunterzuschlucken. Zusammen mit der Flüssigkeit, die sich in seinen Augenwinkeln sammelte. Sie kam vom Starren auf das Display. Jedenfalls hauptsächlich. Gelegentlich fuhr ein Auto über der Straße an ihm vorbei, aber Bastian konnte sie getrost ignorieren. Das war eine ruhige Seitenstraße, hier lebten fast nur alte Leute und kleine Kinder. Niemand, der ihn kannte. Und Fußgänger kamen ohnehin nicht vorbei. Der Salon hatte donnerstags Ruhetag. Der Schreibwarenladen hatte kaum Kundschaft, es war ein Wunder, dass er bis heute überlebt hatte. Der Blumenladen auf der Straßenseite gegenüber hatte nicht so viel Glück gehabt. Er war vor einem Dreivierteljahr pleite gegangen und seitdem war kein neues Geschäft an seiner Stelle eröffnet worden. Nicht einmal eine Dönerbude oder so was. Niemand wollte das Risiko eingehen, das nächste *WeilerFlor – Blumen und Geschenke* zu werden. Die paar Leute, die an Bastian vorübergingen, ignorierten ihn und er bemerkte sie nicht.

Ausgerechnet Kathrin hatte ihn auf die Idee gebracht, wie er diesen letzten Tag vor Schulschluss dokumentieren sollte, als sie sich zusammen bei ihr zu Hause ihre Fotos angesehen hatten. Er hatte den ganzen Nachmittag über fotografiert und gefilmt, den er mit Lara und Martin und den anderen verbracht hatte. Bis der Akku fast leer und die kleine SD-Karte fast komplett voll gewesen war. Dafür hatte er eine ganze Menge Musik von der Speicherkarte entfernen müssen. War es das wert gewesen? Er hatte nicht alles fotografieren und filmen können, den ganzen Nachmittag über. Natürlich, die ganze Musik hatte er auch zu Hause auf dem Computer aber – war es die ganze Mühe wert gewesen? Nur, um diesen Nachmittag zu dokumentieren, der ihm kaum gefallen hatte? Und sollte er heute Abend damit weitermachen?

Die Idee war ganz plötzlich gekommen, als er im Treppenhaus vor Laras Wohnung gestanden war und die dunkelbraune Wohnungstüre anstarrte, von der der Lack blätterte. Er dachte immer noch an Kathrins viele Fotoalben. An die vielen gespeicherten Erinnerungen. Als sich endlich die Türe vor ihm öffnete, nur einen Spalt und Lara ihn zischend hereinkommandierte, hatte Bastian diesen Gedanken mit hineingenommen Sie sanken zwar in seinen Hinterkopf, sobald er Lara sah, aber sie blieben dort. Martin war noch nicht gekommen und Lara war noch damit beschäftigt gewesen, sich zum Ausgehen anzuziehen. Wenig erfolgreich, wie sich zeigte, als sie nur in BH und Unterwäsche hinter ihm die Türe schloss, ihn in ihr Zimmer schob und ihm schon auf den Weg dorthin ihr Leid klagte.

Bastian kannte ihn schon, den BH, den sie trug. Lara hatte ihn auch schon getragen, als sie letztens gemeinsam shoppen gewesen waren. Ein abgetragenes, rosa Ding, bei dem ein Träger schon langsam ein bisschen abgewetzt aussah. Oder kannte er ihn schon von früher? Bastian wusste es nicht.

In ihrem Zimmer, auf ihrem Bett, stapelten sich Klamotten. Ein schwarz glänzender, mit Rüschen und Spitzen, Bändern und gelegentlich Kettchen versehener Haufen Kleidung: Röcke, Hosen, Oberteile. Ein Kleid. Das meiste war ziemlich neu. Aber das Kleid kam Bastian bekannt vor.

Bastian betrachtete jetzt das Foto, das er von dem Kleiderberg gemacht hatte, als Lara gerade in die Toilette verschwunden war. Jetzt erst fiel ihm auf, dass unter dem Kleiderhaufen mindestens zwei Stück Unterwäsche hervorlugten. Keine, die er kannte. Aber woher auch? Lara hatte sich zwar zur Angewohnheit gemacht, ihn mit in die Umkleide zu nehmen, damit er die ausgesuchten Klamotten beurteilen und gelegentlich beim Verschließen von Reißverschlüssen am Rücken helfen zu können. Lara stand viel zu sehr auf Kleidung, die mindestens drei Hände brauchten, um sie richtig anzuziehen. Den halben Sommer hatten sie beide auf Laras Balkon verbracht, der durch seine Höhe von neugierigen Blicken schützte. Er wie immer in langen, schwarzen Jeans und langen Shirts, die seinen linken Unterarm und alles darauf verdeckten. Sie, die mit der Hitze größere Probleme hatte, mit so wenig am Körper wie möglich, ohne dass es sogar für sie beide zu wenig war. An diesen Nachmittagen hatten sie sich über die Prüfungen unterhalten, darüber, wie es weitergehen würde. Wie es alle aus ihrer Klassenstufe um diese Zeit taten. Was mit Martin nicht klappte, seit sie sich so viel seltener sahen, weil er in der Kaserne an der Grenze war. Wieso Bastian zwei Jahre nach ihrer Trennung noch keine neue Freundin gefunden hatte.

Bastian legte keinen Wert darauf, über diese Dinge zu reden. Diese Gespräche ließen ihn anschließend die halbe Nacht nicht schlafen. Genauso wenig brauchte er Lara Nachmittage lang im Bikini. Auch der hatte sich sehr schnell als Hindernis für seinen gesunden Schlaf vor den Prüfungen herausgestellt – wenn seine Gedanken, seine Erinnerungen abdrifteten und er beinahe etwas auf seinen Fingerspitzen zu fühlen glaubte.

Bastian kannte einen großen Teil von Laras knapperer Kleidung. Aber offensichtlich gab es welche, die ihm in den letzten zwei Jahren verborgen geblieben war. Natürlich gab es das und Bastian wusste ganz gut, dass er ein Idiot war, neidisch zu sein, aber irgendetwas anderes denken zu können. Aber der Stich war spürbar, irgendwo unter den oberen Rippenbögen, wo die Enttäuschung sitzt. Und die Eifersucht. Darauf, dass es bei aller unglaublich tiefen Vertrautheit zwischen ihnen gerade diese Dinge waren, die ihm unter dem dünnen Schleier der Freundschaft verborgen blieben. Die Dinge, von denen er sich nicht eingestehen wollte, dass sie ihn besonders an Lara interessierten. Immer noch. In Griffweite.

Jemand ging an seiner Nische vorbei, schien ihn aber nicht zu sehen oder sich zumindest nicht für ihn zu interessieren. Bastian reagierte überhaupt nicht. Es war immer noch so heiß und salziges Wasser sammelte sich in seinen Augenwinkeln. Schweiß oder zumindest wollte Bastian das glauben. Noch 14 % Akku. Er wischte weiter.

Das erste Video. Die Rollläden in Laras Zimmer waren so weit hinuntergelassen, dass nur kleine Kreise und Stäbchen aus Licht hindurchdrangen. Für seine lahme Handykamera war es schon zu dunkel. Keine klaren Umrisse waren zu erkennen, nur ein Schatten, der sich vor den Lichtflecken hin und her wiegte: Lara, die zu Deathmetal tanzte.

Zu diesem Zeitpunkt war sie schon angezogen gewesen und hatte deswegen nichts dagegen gehabt, dass Bastian sie filmte. Aber es hatte immerhin zehn Minuten intensives Kramen im Kleiderschrank und Bastians wohlgemeinte Ratschläge gekostet. Es waren ein schwarz-rotes Bandshirt und ein langer, lockerer schwarzer Rock geworden. Der Rock war Bastians Idee gewesen, Lara hatte ihn die ganze Zeit nur hin und her geschoben, ansonsten aber komplett ignoriert. Lara war von der Idee so begeistert gewesen, dass sie Bastian umarmt hatte. Bevor sie sich anzog.

Da ist nichts dabei. Ich bin ihr bester Freund. Dann ist natürlich nichts dabei, es ist in Ordnung. So muss das sein, wenn man stärker befreundet ist mit jemandem als mit irgendjemandem vorher. Sie vertraut mir.

War dieses Vertrauen berechtigt, wenn sie nicht wusste, wie er sich gefühlt hatte, als sie ihn in die Arme schloss? Die Aufregung, die jedes Mal wieder durch seinen Körper pumpte, dass er das Zittern unterdrücken musste. Und die Tränen, wenn sie nicht mehr hinschaute. Sein linker Unterarm begann in diesen Momenten besonders zu jucken, direkt unterhalb seiner Haut.

Bastian wusste es einfach nicht. Er wusste nur, dass es ihm zu sehr gefallen hatte und dass er zu sehr darüber nachdenken musste, um einfach glücklich damit zu sein.

Noch 12 % Akku, das nächste Bild.

Die ganze Gruppe von hinten fotografiert. Nur die Rücken und auch noch gegen das Licht, aber Bastian erkannte sie trotzdem. Isabella und Ben ganz links, sie im lila Sommerkleid und er in kurzer Hose. Hände haltend, aber ganz dezent. Isabella war in der Parallelklasse, Ben schon seit zwei Jahren fertig und in einer Ausbildung. Lackierer oder etwas in diese Richtung, von der Bastian wenig verstand und für die er sich noch weniger interessierte. Jedenfalls zog er manchmal einen sanften Duft von Lösungsmittel und Farbe hinter sich her, wenn sie sich trafen. Aber Bastian störte das nicht. Er mochte Ben, der oft so still war wie er selbst und einfach nur zuhörte. Nur lachte Ben mehr als Bastian. Und er passte so gut zu Isabella, deren Eltern nur so eine Art von Freund dulden würden: unauffällig, zuvorkommend, gepflegt und Erwachsenen gegenüber von außerordentlicher Höflichkeit. Isabellas Eltern achteten extrem darauf, mit wem sich ihre Tochter abgab, wen sie mit nach Hause brachte, wie lange sie draußen blieb.

Mit ihm, Bastian, hatten ihre Eltern kaum Probleme gehabt, solange er die Schnauze über Religion hielt. Aber immerhin kannten sie sich schon seit der zweiten Klasse. Seither hatte es nie Ärger gegeben. Außer das eine Mal im Advent in der dritten Klasse, als sie sich unerlaubterweise unbeaufsichtigt in Isabellas Zimmer geschlichen hatten. Seitdem hatte Bastian auch dieses Mädchenzimmer nicht mehr von innen gesehen. Isabellas Mutter hatte Feuer und Schwefel vom Himmel regnen lassen. Es hatte viel zu viel unmöglich großen Ärger gegeben, als dass Bastians siebenjähriges Gehirn es hätte verstehen können. Seine Eltern, denn die waren natürlich sofort angerufen worden, hatten es ihm am Abend zu erklären versucht. Aber soweit sich Bastian jetzt, neun Jahre später, erinnerte, hatten sie irgendwann resigniert aufgegeben, nachdem er das dritte Mal in unschuldige Tränen ausgebrochen war.

Heute verstand es Bastian besser und konnte ein bisschen nachvollziehen, weshalb Isabellas Eltern, Ausbunde der Frömmigkeit, so geschockt große Augen gemacht hatten, als sie die beiden Siebenjährigen im Zimmer vorgefunden hatten. Ihre Tochter, die mit Kopfhörern als Stethoskop in den Ohren den goldenen Stecker am Ende des Kabels über Bastians Bauch führte, als wolle sie seine Herztöne und Atemgeräusche abhören. Als kleine Kinder waren sie es so gewohnt gewesen, sich beim Arzt ausziehen zu müssen, dass sie es selbstverständlich für diese Untersuchung auch getan hatten.

Wieso dieses Mal die Doktorin auch ausgezogen sein musste – als kleine Kinder hatten sie eben so gedacht.

Nach einer Woche kompletten Kontaktverbotes, an den sich Isabella als gute Tochter sogar während der Hofpausen in der Schule gehalten hatte, verziehen sie ihm. Seine Eltern hatten sicher auch eingegriffen. Sie hatten danach nie darüber gesprochen, aber sein Vater hatte ihm Jahre später erzählt, dass er Bastian nie so viel hatte weinen sehen, weder vorher, noch danach.

Die ganze Geschichte hatte er ganz vergessen. Bis heute. Noch 11 %

Die folgenden fünf Jahre über hatten sie fast jedes Wochenende miteinander verbracht. Dann war

Lara aufgetaucht und Bastian hatte Isabella ausgetauscht. Als es dann aus gewesen war, hatte es fast ein halbes Jahr gedauert, bis sich wieder irgendetwas wie eine Freundschaft wiederhergestellt hatte. Und das war auch nur gelungen, weil Lara Isabella in ihre Clique geholt hatte. Nur ein paar Wochen später hatte sie Isabella und Ben zusammengebracht. Das hielt jetzt schon seit kapp eineinhalb Jahren.

Ben hatte Isabellas Zimmer sicher schon öfter von innen gesehen, besonders, wenn ihre Eltern nicht da waren.

Sie verstanden sich immer noch ganz gut. Aber Bastian musste sich jetzt, als er das Foto betrachtete, eingestehen: Er hatte ihre Freundschaft einfach nicht mehr kitten können. Ben war Isabellas Freund. Isabella war Laras beste Freundin. Bastian war Laras bester

Freund. Es bestand keine direkte Verbindung mehr zwischen ihnen beiden. Und es war Bastian, der Schuld daran war.

*Wenn Blödheit wehtun würde, wa*r in diesem Fall nicht bloß eine Redensart. Seine Blödheit tat ihm jetzt weh und der noch unangenehmere Gedanke war, dass sie ihr auch wehgetan hatte. Die eigene Dummheit tat weh, besonders anderen.

Noch 10 % Akku. Irgendwas an seiner Batterie musste kaputt sein, sonst würde sie doch nicht so schnell Strom verlieren. Bastian hätte sie schon längst austauschen müssen, aber das ging nicht. Die Batterie war fest verbaut und für ein neues Smartphone hatte er bisher kein Geld gehabt.

Viel zu lange waren Bastians Augen an Isabellas schmalem Rücken hängen geblieben. Hatten sich zu lange an ihren hervorragenden Schulterblättern satt gesehen und sich zu lange Zeit an die ineinanderliegenden Händen Bens und Isabellas geheftet.

Gerade in dem Moment, als er weiter wischen wollte, senkte sich eine Benachrichtigung über das obere Fünftel des Bildschirms: eine neue SMS, „Kathrin A. 10B Handy" – und prompt sank der Akkustand um ein weiteres Prozent. War das wichtig? Kein Plan, er musste nachher draufschauen. Oder doch gleich? Hatte er etwas bei ihr vergessen? Wollte sie ihm etwas sagen, etwas Wichtiges? Über Morgen – über sich? Und ihn? Es kitzelte unter Bastians Fingernägeln, aber er wartete trotzdem, bis die Benachrichtigung wieder verschwunden war und wischte weiter.

Die Pizzeria. Links war noch der Rand des Tresens zu sehen, wo die Leute ihre bestellten Pizzen abholen konnten. Mittig und rechts befanden sich ein paar kleine Tische für je zwei Personen. In der Mitte, ein wenig erhöht, zugänglich über eine Treppe mit drei Stufen, befand sich die Nische: Ein mit Geländer abgegrenzter Bereich mit tiefer Decke. Darin stand die lange, mit schwarzem Leder bezogene Eckcouch mit bunten Kissen darauf. Davor standen der lange Glastisch auf Kniehöhe und zwei weitere Hocker. Darüber hing eine schummrige Lampe, die kaum genug Licht spendete, um die Ecken der Couch zu erhellen. Zu jeder Tageszeit lag die Nische im Halbdunkel. Lara bestand jedes Mal darauf, dort zu sitzen. Bastian fand die Hocker unbequem und es furchtbar umständlich, sich für jedes Stück Pizza so weit vor zu seinem Teller beugen zu müssen. Anlehnen konnte man sich am Geländer auch eher schlecht.

Aber Lara hatte ihre eigenen Ideen. „Essen und fummeln gleichzeitig – ich liebe es dort."

Als sie das auf dem Weg zur Pizzeria gesagt hatte, hatten Ben und Isabella verlegen dreingeblickt. Bastian hatte nur gehofft, sein Gesicht sähe so regungslos neutral und wie gemeißelt aus, wie er es mit all seiner Konzentration zu erreichen versuchte. Lara hatte gelacht und gegrinst und Isabella zugezwinkert, auf deren Gesicht ein wissendes Blitzen aufgeleuchtet war. So hatte es zumindest für Bastian ausgesehen. Aber er sah viel in solchen Situationen. Wen sollte er fragen, ob es wirklich so war? Er hatte geglaubt, ein Lächeln zu sehen, das er nicht kannte, das ihm aber natürlich auch nicht galt.

8 % Akku und Bastians rechter Daumen wischte schnell weiter. Das nächste Video. Das Bild wackelte hin und her und nur Schlieren aus viel Schwarz mit weißen und roten Flecken waren sichtbar.

„Bastian filmt!" Das war Martin mit seiner

hässlichen Stimme, die in Bastians Ohren nur gemein und hochnäsig klingen wollte.

Die Kamera schwenkte nach rechts und fokussierte.

„Spanner!", grinste Lara in die Kamera, braune Strähnen im Gesicht.

„Stört es dich wirklich, wenn jemand zuschaut?", sagte jemand hinter der Kamera, dessen Stimme entfernt wie seine klang, die Bastian aber kaum ertrug. Fruchtbar fremd und kindlich hoch.

„Nimm nichts auf, was du dich dann doch nicht anzusehen traust", lachte Lara und hielt ihm ein Stück Pizza vor die Kamera, die sofort den Fokus verlor.

Eine geschlagene halbe Minute lang zeigte das Video nur Dunkelheit, während der Bastian das Handy nur im Schoß gehabt hatte. Gemurmel war zu hören, das Bastian jetzt aber nicht mehr verstand, bis plötzlich ein lautes, übertrieben süßliches „OOOOOOOOOOH" durch den Lautsprecher des Handys drang.

„Seht euch an, wie süß sie sind!", hörte Bastian sich selbst sagen, während sich das Bild wieder bewegte, sich aufhellte und klarer wurde.

Isabella und Ben wurden erkennbar, die über der Ecke der Couch saßen. Isabella zog Ben mit den Spitzen des Zeige- und Mittelfingers an seinem Kinn zu sich, legte den Kopf schief, um ihn zu küssen, bemerkte, dass Bastian filmte, griff mit der freien Hand neben sich nach einem Kissen und warf. Allerdings ohne zu zielen und nur in Bastians grobe Richtung, weil sie währenddessen nicht damit aufgehört hatte, Bens Gesicht an sich zu ziehen.

Das Kissen verfehlte Bastian knapp, flog an

ihm vorbei über das Gelände und in den Gastraum. Saupeinlich, aber die Leute, die in der Pizzeria arbeiteten, waren solchen Blödsinn gewöhnt. Nicht zuletzt, weil die fünf hier Stammgäste waren.

Auch, wenn Isabella ihn verfehlt hatte, Bastian war dennoch ausgewichen – wieder verwackelte das Bild. Die Handykamera war Mist!

Als er die Kamera wieder gehoben hatte, beugte sich Isabella schon wieder vor, um sich das nächste Stück Pizza vom Teller zu nehmen. Ben blickte in die Kamera und machte ein Zeichen: schnell gehobene Augenbrauen und beide Augen, die nach links zuckten, von ihm aus gesehen. Die Kamera folgte dem Hinweis, schwenkte nach rechts und fing Lara und Martin ein. Sie hatten sich Isabella und Ben offenbar zum Vorbild genommen, hoben aber natürlich das Niveau. Lara hatte ihre Arme um Martins

Nacken geschlungen. Martins Hände ruhten auf ihrem verlängerten Rücken und zogen sie zu sich.

Jetzt, in der Sommersonne, die weitergewandert war und den Schatten in seiner Nische hatte verschwinden lassen, starrte Bastian auf das Bild und verstand nicht, was er sich gedacht hatte. Was das alles sollte. Er zählte die Sekunden, während denen nichts auf dem Bildschirm geschah, als das langsame Hin- und Her Wiegen der beiden schräg gelegten Köpfe. Drei Sekunden … Vier Sekunden … Bastian wartete auf den Augenblick, vor dem er Angst hatte. Den einen Moment, der so tief in ihn eingedrungen war, dass er danach fast aus der Pizzeria geflohen war. fünf Sekunden … sechs Sekunden … Martins Nacken überspannte sich nach hinten, Laras Gesicht war jetzt über seinem und küsste ihn von oben nach unten. Bastian hatte kurz den irrsinnigen Einfall gehabt, auf sie hineinzuzoomen, als sich ihre Brauen hoben. Als Lara die Augen öffnete. Und sich Laras Augen in Bastians Richtung bewegten. Lara sah ihn an. Sie schaute nicht in die Kamera, sie hatte ihm direkt in die Augen geblickt. Hatte Augenkontakt hergestellt, während sie Martin küsste. Sie blinzelte und als sich ihre Augen wieder öffneten, sah sie ihm immer noch in die Augen und ihre Brauen zuckten fast unmerklich. Das ging zwei oder drei Sekunden so weiter – bis sie alle vier fast gleichzeitig in Lachen ausbrachen, außer Martin, der nichts von alledem mitbekommen hatte. Aber Bastian hatte nur leise gelacht. Es war nicht viel mehr als ein körperlicher Reflex gewesen, eine Reaktion auf die Spannung in der Luft. Und Bastian meinte, auch einen seltsamen Nachklang in Laras Lachen zu hören. Ein auffälliger, falscher Ton. Dann endete das Video.

Aber Bastian spulte immer wieder die letzten zehn Sekunden zurück, versuchte, Lara in die Augen zu schauen. Lauschte dem vierstimmigen Lachen. Sie sah nicht erschrocken aus, nicht einmal überrascht. Sie sah nicht sauer aus. Nicht besonders glücklich, nicht besonders unglücklich. Sie sah gar nicht aus, als wollte sie ihm irgendetwas mitteilen. Sie hatte ihm einfach nur in die Augen geschaut. In diesem Moment. Und weder in diesem Moment, noch jetzt, in der Sonne in seiner Nische zwischen dem Schreibwarengeschäft und dem Friseursalon, verstand Bastian, was das sollte. Oder ob es irgendwas sollte. Was hatte sie sich dabei gedacht? Hatte sie überhaupt etwas gedacht?

Langsam blies er die zwischen seinen Zähnen hindurch, während er auf den Home-Button drückte. Wie viel Akku hatte er jetzt noch? Er hatte die ganze Zeit nicht nachgeschaut. Zeit genug würde er schon noch haben, jetzt Kathrins SMS zu lesen.

Aber gerade, als sein Daumen über dem entsprechenden Button auf dem Display schwebte, erschien das Symbol einer leeren Batterie auf dem ansonsten schwarz leuchtenden Bildschirm. Dann erlosch er vollends. Bastian hatte kein Akku mehr. Das Handy vibrierte noch einmal kurz in seiner Hand und blieb anschließend regungslos in seiner Handfläche liegen. Stumm und dunkel.

Langsam stand Bastian auf und blickte sich in der gleißenden Helligkeit um. Nur zweihundert Meter und um die nächste Ecke, war die Pizzeria, die Bastian schnell nach dem letzten Video verlassen hatte. Die Augen, die ihn fixiert hatten und die er nicht verstand, hatten ihn nicht losgelassen und er hatte nicht mehr den Magen gehabt, etwas zu essen und nicht den Nerv, weiter dort zu bleiben. Also hatte er so getan, als hätte er eine Nachricht bekommen, hatte seine Mutter als Ausrede vorgeschoben, weshalb er doch ungeplant plötzlich heim musste. So etwas kam gelegentlich vor und die anderen dachten sich wahrscheinlich nicht allzu viel dabei. Auch, wenn Lara es im vollen Ernst schade fand, dass er so früh gehen musste. Aber man sähe sich ja morgen früh garantiert. Bis dahin könne man ja noch schreiben. Oder gemeinsam an den Bach gehen, heute Abend so gegen halb elf, zu der Party, die über den Klassenstufenchat organisiert wurde?

„Vielleicht", hatte Bastian gemurmelt, seinen Anteil an der Rechnung auf den Tisch gelegt und war gegangen.

Über die ersten hundert Meter hatte er es geschafft, trockene Augen zu behalten. Die nächsten fünfzig Meter waren sie feucht geworden und seine Umwelt hatte sich langsam in immer größere und gröbere Sechsecke aus Farben verwandelt. Die letzten fünfzig Meter war Bastian halb blind gewesen, weil er sich nicht arg auffällig mit dem Ärmel über das Gesicht und die Augen wischen wollte. Jemand hätte ihn sehen und, noch schlimmer, fragen können was los sei. Was hätte er antworten sollen? Was hätte er sagen können?

„Das Mädchen, das meine beste Freundin seit Jahren ist, der ich vertraue und die mir voll vertraut in allem, was es in ihrem Leben gibt, schaut mich komisch an, wenn sie mit ihrem Freund herummacht. Und ich verstehe es nicht und noch schlimmer, es tut verdammt weh, weil wir zwar nur für zwei Monate in der achten Klasse zusammen waren, ich sie aber seitdem nicht mehr aus dem Kopf bekomme und mir nichts mehr wünsche, als sie zurückzuhaben und ich nicht mehr weiß, wie ich mit all dem umgehen soll!"

Hätte ihn in diesem Moment jemand gefragt, es wäre wahrscheinlich ein Monolog aus ihm herausgebrochen mit all den Dingen, über die er mit niemandem sprach und die er nicht einmal sich selber eingestehen wollte. Geblieben war nichts als Müdigkeit.

Langsam stand Bastian auf, hob seinen Rucksack auf, warf ihn nur über seine rechte Schulter und wandte sich nach links. Er würde einen Bogen um die Fußgängerzone machen müssen, um heimzukommen, aber das war nicht schlimm. Der Heimweg würde nicht viel länger dauern und so konnte er verhindern, der Clique über den Weg zu laufen. Lara und Martin waren die letzten, denen er jetzt begegnen wollte.

Am Vorabend: Lara

Die Wohnungstüre fiel ins Schloss. Ihre Mutter war gekommen. Es würde noch etwa fünf Minuten dauern: Sie würde ihre Schlüssel aufhängen, die Handtasche ausräumen, sich etwas zu trinken aus dem Kühlschrank holen, das Küchenradio anschalten. Nach vielen kleinen Handgriffen würde sie anklopfen und sofort danach hereinkommen. Alles musste dann in Ordnung sein: Das Bett leer und einigermaßen zurechtgemacht, sie beide wieder angezogen.

Lara knuffte Martin mehrmals in die Seite. Der kannte den Drill, rollte aus dem Bett und griff sich sofort seine Sachen, um sich anzuziehen. Lara wusste, was in ihrem Zimmer vor sich ging, wenn niemand sonst zu Hause war. Ihre Mutter wusste es. Aber sie sprachen nicht darüber. Sie konnten es einfach nicht. Weil sie sich nicht vertrauten und ihre Mutter vielleicht sogar ein bisschen Angst um ihre Tochter hatte. Alles Gerede und Geschreie hatte nichts geholfen. Schließlich hatten sie sich beide angewöhnt, so zu tun, als geschähe nichts von dem, wovon sie beide wussten.

Während sich Lara zuletzt hastig das T-Shirt überstreifte, suchte sie das Bett und den Boden nach irgendwelchen letzten verräterischen Spuren ab. Es lief Lara immer noch kalt den Rücken runter, wenn die Erinnerung an den Nachmittag zurückkehrte, als ihre Mutter das benutzte Kondom auf dem Boden gefunden hatte, halb verborgen unter dem Kopfende des Bettes. Lara und Martin hatten damals einfach vergessen, es tief in ihrem Papierkorb zu versenken. Sie hatten sich über Belanglosigkeiten unterhalten, Wochenendpläne oder so was und währenddessen hatten die Augen ihrer Mutter gesucht, nach etwas, über das man sich würde streiten können. Aber als sich ihre Augen weiteten, die Farbe von ihrer vierzigjährigen Nase wich, wurde Lara klar, dass ihre Mutter zu viel gesehen hatte. Lara war ihrem Blick gefolgt und als sie sah, was ihre Mutter sah, hätte sie beinahe losgelacht. Den ganzen restlichen Tag und den kompletten folgenden Samstagvormittag hatten sie kein Wort mehr miteinander wechseln können. Ihre Mutter hatte es bis zum Zubettgehen an diesem Abend nicht einmal mehr geschafft, ihrer Tochter in die Augen zu sehen. Die Ruhe war für die ersten zwei oder drei Stunden angenehm gewesen, aber danach war sie drückend und kalt geworden. Und Lara selber war auch kalt geworden in der kraftlosen Stille ihrer Wohnung.

Heute konnte das nicht mehr passieren. Eines Nachmittags vor vier oder so Monaten war ihre Mutter in Laras Zimmer gestürmt, während sie gerade ihre

Hausaufgaben gemacht hatte, und hatte verkündet: „Wenn ich schon nicht glücklich bin mit dem, was hier passiert, will ich zumindest nicht, dass wir beide noch unglücklicher werden." Damit hatte sie Lara am Unterarm genommen, nicht grob, aber bestimmt, und durch die Wohnung und die Treppen hinunter bis zur Bushaltestelle geführt. Es stellte sich heraus, dass sie für Lara einen Termin bei ihrem Gynäkologen vereinbart hatte, der ihr die Pille verschrieb und erklärte, wie sie das nächste Rezept in drei Monaten bekommen konnte. Danach waren sie heimgefahren und ihre Mutter hatte Pizza gemacht. Selbstverständlich hatten sie nie miteinander darüber gesprochen.

Es klopfte. Laras und Martins Blicke huschten durch das Zimmer.

Die Rollläden waren hochgezogen, das Fenster

war geöffnet. Der Fernseher lief auf niedriger Lautstärke. Das Bett war halbwegs gemacht, alle letzten Spuren waren im Papierkorb verschwunden.

Ohne dass auf eine Antwort auf das Klopfen gewartet worden wäre, schwang die Türe auf.

„Ihr seid noch da? Du hast mir doch geschrieben, dass ihr auf irgendeine Party wollt heute Abend.", raunzte Laras Mutter, während sie von ihrer Tochter zu deren Freund, dem Bett, dem Fenster und dem Mülleimer blickte.

„Heute Abend, Mama. In einer Stunde oder so gehen wir los!"

Ihre Mutter seufzte,

„Na schön. Und vorher werdet ihr noch was zu essen brauchen", sie zog hörbar tief Luft ein. „Es riecht wie in einem Wildkatzenkäfig bei euch. Es riecht na – egal, kommt einfach raus. Duschst du dann vielleicht noch, Lara?"

Lara zuckte mit den Schultern. Deswegen würde sie keine Diskussion anfangen.

„Ich könnte eigentlich auch noch", hob Martin an, wurde aber sofort von der Mutter seiner Freundin unterbrochen.

„Wir haben keine Gästehandtücher mehr, leider! Du könntest in der Zwischenzeit *ja zu dir fahren und dich waschen.*" Sie sprach das letzte Wort besonders betont, besonders hässlich aus und in ihrer Stimme lag der übliche Ton der Ablehnung. Sie musste Martin dulden, denn sie konnte ohnehin nichts tun, aber das hieß noch nicht, dass sie den Freund ihrer Tochter auch akzeptierte. Lara war bewusst, dass ihre Mutter schon versuchte, es ihn nicht *immer* spüren zu lassen, ihr zuliebe. Aber ganz gelang es ihr nicht und es war ihr im Gesicht anzusehen, dass sie diesen jungen

Mann, der eben trotzdem vier Jahre älter war als sie, zutiefst verabscheute. Nach gut einem Jahr Beziehung war es Lara gelungen, den größten Widerstand zu brechen und nur einmal hatte ihre Mutter erwähnt, was für einen besseren Geschmack sie früher gehabt hätte. Ob sie es doch nicht noch einmal versuchen wollte? Sie meinte Martins Vorvorgänger, der sich heute so seltsam verhalten hatte. Dem es nicht gut ging? Bastian, die Seele von einem Menschen, nicht nur in den Augen ihrer Mutter, sondern auch in ihren eigenen. Eine komplizierte Seele, aber trotzdem.

Als ihre Mutter das gesagt hatte, war es eskaliert. Sie hatten sich lange angeschrien, böse angeschrien, eine Vase mit den schönen, selber gezogenen Tulpen darin, war auf dem Boden zerschellt. Am Ende hatten sie beide geweint. Ihre Mutter machte sich falsche Vorstellungen. Zwischen ihr und Bastian war es aus. Es hatte nie eine Zukunft gehabt, das wusste sie jetzt, im Nachhinein. Sie hatten die tiefste Freundschaft, die jemand nur haben konnte. Aber *diese* Art von Gefühlen hatten sie beide einfach nicht mehr und hatten sie vielleicht auch nie gehabt. Nicht einmal damals, als er vierzehn gewesen war, sie fünfzehn und sie beide unheimlich unerfahren gewesen waren. Jung und ein bisschen dämlich. Und später auch nicht. Egal, was alles passiert war.

„Wann kommst du heute wieder, Lara?", fragte ihre Mutter, die in der Zwischenzeit zurück in die Küche gegangen war, wo sie Gemüse wusch.

„Wahrscheinlich heute Nacht. Ich komme einfach zu Fuß von der alten Mühle, wenn kein Bus mehr fährt."

„Ich kann dich doch auch fahren. Hierher oder zu mir", warf Martin ein, der wie verloren im Flur stand.

Aus der Küche wurde dieser Plan sofort unterbunden.

„Auf eurer Party gibt es Alkohol, erzähl mir nichts. Dann fährst du gerne hin, wohin du willst, aber Lara bleibt aus deinem Auto draußen!"

Lara blickte schnell zu Martin hinüber. Seine Brauen hatten sich zusammengezogen und an seinen Mundwinkeln zuckte etwas: Streitlust.

Lara kam ihm zuvor und sagte zu ihm wie zu ihrer Mutter: „Nein, alles gut. Ich komme so. Vielleicht begleitet mich ja Isabella. Oder Kathrin, wenn sie hingeht. Eine von beiden könnte doch über Nacht bleiben, oder? Wir gehen morgen früh sowieso zur Schule."

Das Gesicht ihrer Mutter erschien in der Küchentüre. Sie strahlte.

„Isabella, natürlich. Dann könnte ich mal wieder Pfannkuchen machen, die ihr morgen Vormittag mitnehmen könnt. Ich habe morgen früh ja frei. Oder Kathrin – unternehmt ihr wieder etwas zusammen?"

Nein, seit einem Jahr schon nicht mehr. Und davor waren es auch nur eines oder zwei Male gewesen. Aber abgesehen davon, dass Lara sie nur als Möglichkeit vorgeschoben hatte, um ihre Mutter zu beruhigen: Etwas dagegen einzuwenden, dass Kathrin mal wieder kam, hatte sie nicht.

Mama hat fast froh ausgesehen, dachte sie, *die ganze Spannung ist aus ihrem Gesicht verschwunden. Fast zumindest.*

Auf Martins Gesicht war die miese Stimmung geblieben. Er würde wahrscheinlich nicht verstehen, wieso dieser strategische Rückzug für Lara wichtig war. So viel Widerstand sie auch das ganze letzte Jahr aufgebracht hatte, ihr war Frieden zu Hause auch lieber.

„Pack eine Jacke ein, Kind. Es hat angefangen, sich abzukühlen, als ich heimgekommen bin. Ich weiß nicht, wie das Wetter wird, wenn du heimkommst. Es ist Regen angesagt worden und wenn es wirklich Probleme gibt, soll Bastian dich begleiten! Der kann sich auch im Wohnzimmer auf die Couch hauen, wenn er sonst nicht mehr heimkommt.

Lara schob Martin durch den Flur, bevor er irgendwie auf diese unverhohlene Provokation eingehen konnte - *er sollte zu Hause schlafen, aber Bastian -* ***Ex-Freund Bastian*** *- war willkommen?!*

Am Vorabend: Bastian

Bastian war erst vor zehn Minuten aufgestanden. Seine Augen tränten und klebten noch, sodass er noch halb blind war, als er zwischen dem Badezimmer und seinem Bett hin und her wankte: Pinkeln, kämmen, neue Klamotten suchen, die alten in den Wäschekorb schmeißen. Es fühlte sich fast wie früher an, in den verschwommenen, unruhigen Nächten in der ersten und zweiten Klasse, als er regelmäßig mit Fieber schlafwandelnd durch die Wohnung getappt war. Zu spät merkte Bastian erst, dass ihn seine Elten über den Flur und durch die offene Esszimmertüre hindurch beobachteten. Er war die ganze Zeit kurzärmelig herumgelaufen, direkt an ihnen vorbei. Das hätte nicht passieren sollen. Nicht, dass sein linker Arm ein komplettes Geheimnis für sie war. Sie kannten die frischen Wunden und alten, lange n Narben von flüchtigen Blicken. Sie wussten, „dass es da Probleme gibt", wie seine Mutter es einmal versucht hatte, auszudrücken. Er wollte ihnen einfach nichts zeigen. Das würde nur zu sinnlosen Unterhaltungen führen.

Die beiden lächelten ihr Elternlächeln, als ihr Sohn, vom Schlaf noch immer belämmert, durch das Esszimmer und an ihnen vorbei in die Küche schwankte.

„Es gibt Nudelsalat, Großer. Hast du Hunger?", fragte sein Vater. Aber Bastian wankte erst einmal weiter, griff sich den Wasserkocher, füllte ihn und schaltete ihn ein.

„Hast du ihn gemacht oder Mama?"

„Ich natürlich! Erinnerst du dich nicht mehr? Hast du beim Schlafen Amnesie bekommen?"

Bis jetzt, zehn Minuten lang, hatte in seinem

Kopf benommene Leere geherrscht. Aber jetzt, während die Hitze im Wasserkocher anstieg, tröpfelten die Erinnerungen in sein Bewusstsein zurück. Angefangen bei dem Moment, als er heimgekommen war und es zugegebenermaßen ganz lecker nach kochenden Nudeln und gebratenem Schinken gerochen hatte, flossen seine Erinnerungen rückwärts durch den Tag. Bastian erinnerte sich noch, dass er komplett angezogen ins Bett gefallen und fast sofort eingeschlafen war, obwohl er auf dem Weg nach Hause ziemlich hungrig geworden war. Er spürte den Hunger jetzt nicht mehr. Konnte man so was wegschlafen?

„Ich habe keinen Hunger. Kann ich mir nachher was mitnehmen, wenn ich gehe?", fragte Bastian, während er seinen Tee aufgoss. Mit der Tasse in der Hand watschelte er an den Esstisch zurück und setzte sich zwischen seine Eltern.

„Hast du für heute noch etwas vor?", fragte seine Mutter.

Bastian nickte, nippte und begann zu lügen.

„Es gibt eine kleine Feier, nur mit ein paar Freunden. Bei Kathrin im Garten." Seine Eltern kannten den Namen und zumindest seine Mutter auch ein Gesicht dazu. Sie wussten, dass es ein vertrauenswürdiger Name war, aber sie wussten glücklicherweise nicht, wo sie wohnte.

„Bleibst du dort?", fragte seine Mutter.

Bastian gab sich unentschieden: „Entweder ich bleibe bei Martin oder Ben, die haben beide eine Ausziehcouch, oder ich komme abends noch heim. Dort werde ich natürlich nicht bleiben, bei Kathrin…"

Seine Eltern blickten sich kurz über das Abendessen hinweg an und kommunizierten in der sprachlosen Art, die alle Eltern zu beherrschen schienen. Sie taten das manchmal, wenn es Entscheidungen gab, die sie nicht offen miteinander besprechen konnten.

Dann nickten beide fast gleichzeitig. *Es ist unglaublich*, dachte Bastian, *wie gut die beiden aufeinander eingespielt sind.*

„Es wird windig werden, heute Abend. Pack dir zur Sicherheit einen dünnen Pulli ein und einen Regenschirm."

Damit war die Sache abgehandelt.

Sie hatten Bastian nie beim Lügen erwischt. Zumindest nicht, seit er älter als zehn Jahre war. Jedenfalls hatten sie es sich nie anmerken lassen. Im Gegenzug hatte Bastian nie den Drang gehabt, seine Eltern wegen großer, wirklich wichtiger Dinge anzulügen. Dinge zu verstecken - unter langen Ärmeln zum Beispiel - war etwas ganz anderes!

Bastian verstand dieses nie abgesprochene Abkommen zwischen sich und seinen Eltern als Vertrauensbeweis. Sie wussten, dass er keinen Ärger machte, also fragten sie auch nicht nach, sondern akzeptierten seine offizielle Geschichte. Wenn sich wider Erwarten doch etwas ereignen würde, was zu besprechen war, so würde er schon zu ihnen kommen.

Bastian trank seinen Tee aus. Jetzt erst dachte er zum ersten Mal wieder an sein Handy, das ausgeschaltet auf seinem Nachttisch lag. Ohne noch etwas zu sagen, stand er vom Tisch auf und wanderte zurück in sein Zimmer, schloss die Türe, schaltete das Handy ein. Startbildschirm, SIM-Karte entsperren, Handy entsperren, schon erschien wieder Kathrins Nachricht am oberen Bildschirmrand.

Empfangen um 16:09 Uhr, vor dreieinhalb Stunden:

„Hey Basti. Hast du Lust, heute auf die Abschlussparty am Fluss zu gehen. Es sollen eine Menge Leute kommen. Oder geht ihr schon zusammen hin? Kannst ja vorher nochmal zu mir, wenn du magst. Ab jetzt ginge es eigentlich schon. Kat."

Eine heiße, schwere, saure Flüssigkeit glitt langsam und zäh durch seine Brust hindurch in Magenrichtung.

Jetzt war es natürlich zu spät. Aber sie könnten sich doch zumindest für heute Abend verabreden. Aber sie würde ja sicher ohnehin kommen. Also gar nichts antworten? Wenn er gleich auf die Nachricht geschaut hätte, gleich reagiert hätte – stattdessen hatte er auf seine Videos, seine Fotos gestarrt und über Blödsinn nachgedacht. Dinge, die lange nichts mehr wirklich bedeuteten.

Am Vorabend: Kathrin und Marie

Die Sonne war über die Dächer der Ein- und Zweifamilienhäuser gezogen. Die Terrasse lag seit ungefähr zwanzig Minuten im Schatten und schon war es merklich kühler geworden.

„Möchtest du noch etwas Tee?"

Marie blickte auf und über den Gartentisch mit der geblümten Wachsdecke hinweg erst zu Kathrin, dann zu Jochen, der sie gefragt hatte.

„Möchtest du noch Tee, Marie?", fragte Jochen erneut und lächelte dabei.

Marie schüttelte den Kopf.

„Danke, aber nein. Das Koffein verträgt sich nicht mit meinen Medikamenten. Ich kriege dann schnell Kopfschmerzen davon."

„Du nimmst also immer noch so heftige Mittel. Wurde zumindest die Dosis reduziert?", fragte

Jochen, während er den übrigen Tee auf seine und die Tasse seiner Tochter verteilte.

„Nur noch halb so viel und auch nur noch am Morgen. Den Nachmittag über bleibe ich nüchtern. Dass ich es weiter nehme, war die Bedingung dafür, dass ich vorzeitig aus der Klinik darf, um an den Prüfungen teilzunehmen."

„Hat es denn geklappt mit den Büchern, die dir Kathrin in die Klinik bringen wollte?"

Marie nickte jetzt langsam, einmal, zweimal, ein drittes Mal, während ihre Gedanken sich zu drehen anfingen und dann zügig an Fahrt aufnahmen. Wie viel konnte sie in dieser gemütlichen Atmosphäre erzählen? Und was war vielleicht schon zu viel gewesen? Jochen wusste wahrscheinlich fast so viel wie seine Tochter und Kathrin wusste fast alles – aber auch ihr hatte Marie nicht hundert Prozent erzählt.

„Die Ärzte sind nicht begeistert gewesen von der Idee. Sie haben gesagt, dass mich so was zu sehr unter Druck setzen würde. Dass das unseren tollen Fortschritt gefährden würde. Da gibts nen Arzt, der sagt das immer so: **toooooooooooller Fortschritt**", Marie klatschte die flachen Hände an die Wangen und dehnte den Vokal übertrieben schrill und laut, **„nüüüüüüüüüüüüch so toller Fortschritt**. Sogar die Pfleger machen sich über ihn lustig. Aber-", sie brach ab.

Jochen lächelte weiter freundlich und blickte ihr mit schief gelegtem Kopf ins Gesicht. Daher hatte Kathrin also die Angewohnheit. Sie kannte ihn schon viele Jahre, so lange wie sie Kathrin kannte, und durfte ihn schon fast so lange beim Vornamen nennen. Aber angesehen hatte er sie so noch nie. So weich. Maries Blick zuckte zur Seite. Kathrin blickte ihr fest in die

Augen: Ihr starker Blick, den sie immer aufsetzte, wenn sie fühlte, dass Marie in Schwierigkeiten war: Die Augen weit geöffnet, die Brauen gehoben und den Kopf so schief gestellt, wie es anscheinend in der Familie lag.

„Aber abgesehen davon, dass er eine furchtbare Nervensäge ist, ist er der beste Arzt, den der Saftladen hat. Ich habe ihm erzählt, ich sollte mit dem Prüfungszeug meine Frustrationstoleranz trainieren und für den Fall der Fälle vorbereitet sein. Außerdem wäre das so wichtig für die Selbstwirksamkeitserfahrung ... und so ein Zeug eben. Ihn hat das überzeugt. Eine Woche vor den Prüfungen hat er dann erreichen können, dass ich aus der Klinik durfte."

„Und die hast du dann mitgeschrieben. Mal ganz egal, wie es weitergeht, diesen Schritt hast du ja geschafft!", schloss Jochen. „Ich lasse euch alleine", murmelte er dann, während er aufstand, seine Tasse und die leere Teekanne auf das Tablett stellte. „Es hat mich sehr gefreut, Marie, dass du mal wieder bei uns hereingeschaut hast. Es ist manchmal schon ein wenig zu still gewesen bei uns die letzten Wochen ohne dich."

Darauf möchte ich wetten, dachte Marie, schimpfte aber innerlich sofort wieder mit sich selber. Es klang wie ein gemeiner Gedanke und solche Gedanken wollte sie noch nicht so früh an diesem Abend haben. Was sie für heute plante, konnte man schon als gemein auslegen - manche Leute zumindest würden es so sehen.

Wortlos verschwand Jochen durch die Terrassentüre in die Küche.

„Du hast mich schon vorher nicht mehr besucht, bevor du in die Klinik gekommen bist."

„Kathrin, ich wollte …", für einen Moment wollte Marie über alles reden. Ohne Pause. Über alles, was in ihr nagte und sie aushöhlte. Nicht nur über die vergangenen Wochen. Die Wochen vor den Prüfungen. Sondern über brennendere Fragen. Was sie auf einer alten SD-Karte mit sich herumschleppte. Wissen, das sie besaß, über andere, von dem sie nicht wusste, was sie damit anstellen sollte. Aber Kathrin unterbrach sie sofort mit dem ausgestreckten Zeigefinger ihrer Rechten vor Maries Nase.

„Halt die Klappe, Marie. Niemand weiß besser als wir beide, wie dreckig es dir ging. Du wirst mir jetzt keinen Blödsinn erzählen davon, dass es dir leid tut." Sie deutete die Bewegung einer Ohrfeige in der Luft an. „Es gibt nichts, wofür du dich entschuldigen müsstest." Sie redeten also doch aneinander vorbei.

~~~~~~~~~~~~~~~~~~~~~~~~~

Erst zwei oder drei Herzschläge nach der angedeuteten Ohrfeige fiel Kathrin auf, dass sie beinahe die gleiche Bewegung heute schon einmal gemacht hatte.

Marie lächelte zwar, als sie unter dem Hieb hinwegtauchte, aber etwas Seltsames hatte sich in ihren Gesichtsausdruck geschlichen, das wie Enttäuschung aussah. Dann gefror ihr Lächeln ganz.

„Es hat mir wirklich geholfen, dass du gekommen bis, um mich in der Klinik zu besuchen."

„War das denn nicht selbstverständlich?"

„Nein!", flüsterte Marie, „Du warst die einzige. Und ich war sehr froh darüber. Dass gerade du gekommen bist, hat mir sehr viel bedeutet. Mehr als das eine Mal, als meine Oma und mein Opa kamen. Die kommen mit der Situation nicht zurück. Sind nicht zurechtgekommen und werden es auch nicht. Nichteinmal Mateo kam, aber das nehme ich ihm nicht übel. Dort ist es kein Ort für ihn. Und ehrlich gesagt haben wir schon viel weniger miteinander zu tun als früher. Und allen Anderen war es vielleicht nicht wichtig genug".

Kathrin öffnete den Mund, wollte etwas sagen, wollte widersprechen, aber sie wusste selbst mit offenem Mund noch nicht, was es eigentlich sein sollte. Also schloss sie die Lippen wieder. Marie sprach einfach weiter.

„Ich habe doch gelesen, was sie im Chat geschrieben haben: *Marie ist plötzlich weg – vielleicht für immer. Hat es Marie endlich geschafft, sich umzubringen? Wurde aber auch Zeit! Vielleicht hat sie ja auch jemanden anderen umgebracht und dann sich. Blahblahblah.* Das ging irgendwie eine Woche im Chat und dann war Stille. Weißes Rauschen aus der Schule, von der ich nichts mehr mitbekommen habe."

„Marie! Du kannst nicht erwarten, dass sich die Leute mitten in der Prüfungsvorbereitung lange mit so was beschäftigen. Und außerdem: Wäre es dir lieber gewesen, wenn sie weiter gemacht hätten mit der Scheiße? Eben!" Was in ihrem Kopf noch irgendwie tröstend geklungen hatte, entpuppte sich jetzt, da es gesagt war, als furchtbar. Aber jetzt war es schon zu spät und rausgefallen. Und vielleicht half es ja, so furchtbar es Kathrin im Nachhinein fand, was sie gesagt hatte. Jedenfalls sah Marie so aus, als entspannte sie sich wieder, als Kathrin die Hand ausstreckte und sie Marie auf den Arm legte. Auf den Linken, den ohne Narben.

~~~~~~~~~~~~~~~~~~~~~~~~~~~~~

Marie merkte plötzlich, dass sich während ihres Gespräches ihr ganzer Körper angespannt hatte. Ihr Nacken war steif, ihr Rücken durchgedrückt, die Fäuste geballt. In ihr zitterte etwas, in ihrem rechten Arm juckte etwas, das herausgekratzt werden wollte. Heraus geblutet werden musste. *Denk jetzt nicht dran, fuck!*, ermahnte sie sich. Ein zäher Geschmack nach Eisen breitete sich in ihrem Mund aus. Jemand berührte sie: Kathrin, die sie aus ihrer Innenwelt rüttelte. Langsam lösten sich ihre zum Zerreißen gespannten Muskeln.

„Es ist doch jetzt vorbei, Marie!"

Es war noch lange nicht vorbei! Und es würde auch nie vorbei sein. Etwas würde immer in ihr bleiben und nagen. Marie wusste das, aber sie sagte nichts und nickte stattdessen. Sie hielt sich an dem Gedanken fest, den ihr Kathrin anbot. Tief atmete sie durch.

„Morgen ist sowieso mit alldem Schluss! Schulschluss."

„Und alles fängt neu an", ergänzte Marie und fügte in Gedanken hinzu: *Alles wird wie immer wieder und wieder von Neuem anfangen. Ohne Ausweg. Ohne Lösung. Ohne Sinn.*

Über den beiden begannen die Zierkordeln des Sonnenschirms zu flattern. Eine kalte Hand mit dünnen Fingern aus Luft schien Marie durch das ganz kurz geschnittene Haar zu gleiten. Sechs Zentimeter seit dem Tag, als sie aus der Psychiatrie gekommen war. Ihre Oma hatte geweint, als sie Marie im Badezimmer dabei zugesehen hatte, wie sie sich mit Opas Kurzhaarschneider die Frisur verpasst hatte. *Oma hat gedacht, dass jetzt mit ihrer Enkelin wieder alles normal wäre. Aber es ist einfach nur alles wieder stabil. Sie versteht nicht, dass das ein scheiß großer Unterschied ist.* Deutlich erkennbar stellten sich die Haare auf ihren Armen unter den plötzlichen Windstößen auf. Kathrin und Marie begannen gleichzeitig zu frösteln. In der Hecke neben der Terrasse begann es zu rascheln, als wäre etwas darin aufgewacht. Ein Schatten mit dem Umfang eines Wohnviertels schob sich über sie hinweg, verschluckte erst den Zaun hinter Marie, dann sie selbst mit Kathrin und den Tisch zwischen ihnen, schließlich das ganze Haus. Eine schwarze Wolke zog über sie hinweg Richtung Berge und brachte kalte Luft mit sich.

„Wie immer kommt das schlechte Wetter aus Frankreich", kicherte Kathrin, wurde aber sofort wieder ernster: „Ob das was wird heute Nacht mit der Party, wenn das Wetter jetzt schlecht wird?"

„Gehst du etwa hin?", fragte Marie

entgeisterter, als sie hatte klingen wollen.

„Ich habe es mir zumindest überlegt. Nicht die ganze Nacht, natürlich. Aber für ein paar Stunden. Ich wollte auch nicht alleine gehen. Es hat leider nicht geklappt mit -", aber sie zögerte. Marie sah deutlich die Bewegung ihrer Kiefer. Kathrin kaute immer auf den Innenseiten ihrer Wangen herum, wenn ihr etwas unangenehm war. Marie kannte ihre beste Freundin gut genug, um zu verstehen, dass sie sich verplappert hatte.

„Ich hatte gedacht, mit jemandem hinzugehen."

„Mit wem?", fragte Marie.

Kathrin schüttelte den Kopf. „Es hat ja nicht geklappt. Kam keine Antwort."

Reflexartig setzte Marie schon dazu an, zu fragen, von wem keine Antwort gekommen wäre, besann sich aber im letzten Moment. Kathrin wollte offensichtlich nicht darüber sprechen und abgesehen davon – Marie musste daran denken, was Mateo ihr gesagt hatte, über Kathrins Gast heute Mittag. Es konnte natürlich gut sein, dass sie sich nur etwas zusammen sponn. Aber wenn nicht?

Anstatt direkt nachzufragen, versuchte es Marie mit Humor: „Hast du etwa einen geheimen Freund, von dem niemand etwas wissen darf?", fragte Marie mit der strengsten Mama-Stimme, die sie zustande brachte. Zur Antwort bekam sie ein Lächeln und einen sanften, aber bestimmten Tritt ans Schienbein.

„Mein erster Freund und er antwortet nicht auf meine Nachricht? Das wäre mehr als mies. Traust du mir nichts Besseres zu? Aber … Marie, ich will ehrlich nicht darüber reden. Sag mir lieber, ob du hingehst."

Marie nickte.

„Ach! Aber bei mir noch total die Überraschte spielen. Wollen wir nicht zusammen gehen? Kommt Mateo auch mit?"

Marie nickte erneut.

„Wir haben noch ein bisschen Zeit. Hilfst du mir, etwas zum Anziehen auszusuchen?" Marie schwieg und trank ihren kalt gewordenen Tee aus. Dann nickte sie wieder.

Während sie ihr Geschirr zusammenpackten und über die Terrasse trugen, rotierte es in Maries Kopf. Sie musste sich eingestehen, dass ihre Frage nicht ganz als Scherz gemeint gewesen war. Unwillkürlich wanderte ihre Hand an ihre rechte Hosentasche, in die ihr Ersatzhandy steckte, in dem eine SD-Karte steckte. Sie dachte, was sie darauf hatte.

„Ich habe eine Idee für heute Abend, wenn wir es noch rechtzeitig zur Drogerie schaffen. Etwas

Hübsches, ich erkläre es dir gleich", sagte Kathrin vergnügt, als sie zurück ins Haus gingen.

Am Vorabend: Tuyet

Kühler Wind ergriff ihre Haare und wirbelte sie auf. Ein schwarzer Vorhang aus Haaren flatterte vor ihren Augen und nahm ihr die Sicht, aber das war ihr erst einmal egal. Erstens, weil es eine willkommene Erfrischung war, wenn auch die nahenden schwarzgrauen Wolken nichts Gutes ankündigten. Zweitens, weil sie ohnehin nichts sehen musste, um zu wissen, dass sie sich verlaufen hatte. Nicht richtig verirrt, sie konnte immer noch einfach den Weg zurück nehmen, auf dem sie hergekommen war. Aber wie lange war sie jetzt schon dem Fahrradweg den Bach entlang gefolgt? Bestimmt schon zwanzig Minuten in bratender Hitze. Oder sagte man „brütende Hitze"? Tuyet wusste es nicht. Auch diese Kleinigkeiten waren ihr jetzt egal. Es war mittlerweile halb Acht Uhr abends und immer noch fast so heiß wie vor Stunden.

Ein kürzerer Weg zurück in die Stadt wäre nicht schlecht, idealerweise im Schatten und an irgendeinem Laden vorbei, wo man etwas zu essen bekam. Der nächste Zug heim würde in einer halben Stunde fahren. So groß war Freiweiler nun auch nicht, dass musste doch zu schaffen sein!

Tuyet wanderte den Radweg auf einen grauen Betonklotz mit Unmengen kleiner Fenster zu. Er ähnelte ihrer eigenen Schule. Genauso ausgeblichen, rau und bröselig. Ein wenig davor, auf einer flachen aber sehr breiten Treppe, bemerkte sie etwas Schwarzes mit langen, wasserstoffblondierten Haaren. Sie erkannte den Jungen erst, als sie ihm zu nahe gekommen war und er sie auch schon bemerkt hatte. Er lächelte. Es war der Junge aus dem Teehaus und offenbar hatte er sie erkannt, hob die Hand und winkte langsam und unaufgeregt. Jetzt konnte sie auch nicht mehr umdrehen, oder? Wie würde das aussehen? Aber wahrscheinlich hatte er bis jetzt auch begriffen, dass sie über ihn und seine komische Freundin gelacht hatte. Andererseits hatte sie die beiden ja nicht wirklich auslachen wollen. Aber trotzdem …! Trotzdem kannte sich dieser Junge besser aus als sie und konnte ihr zeigen, wie sie zum Bahnhof und endlich nach Hause kam. Es war hier einfach zu langweilig und zu heiß. Ihr Deo hatte schon vor einer Stunde versagt - was man mittlerweile sicher auch riechen konnte und Bleiben und Warten hatte auch keinen Sinn mehr. Khaleb hatte sich nicht mehr gemeldet und würde es wahrscheinlich auch nicht mehr. Je länger Tuyet über den Nachmittag nachdachte, umso weniger legte sie Wert auf einen Abend mit ihm. Der kleine Wichser hatte den Schwanz eingezogen. Sie würde ihm nicht schreiben. Entweder er meldete sich oder er ließ es bleiben.

„Wir kennen uns doch vom Sehen, nicht?", fragte der Junge, stand auf und streckte ihr die Hand entgegen. Er lächelte mit den Lippen freundlich und, soweit Tuyet es unter dem Kajal erkennen konnte, lächelten auch seine Augen.

„Ja, hm", stolperte Tuyet über ihre Worte, „wir haben uns heute Nachmittag gesehen."

„Und du hast wie eine Irre gelacht, ja. Und jetzt wanderst du hier so alleine rum? Das Blind Date ist nicht so gelaufen, wie geplant?"

„Es war nicht wirklich ein Blind Date Aber ja, Khaleb – du kennst ihn? Er sagte, ihr wäret an der gleichen Schule?"

Der Junge nickte.

„Wir kennen uns ein bisschen. Er ist halt in der Paraklasse. Es sah ein bisschen so aus, als hätten wir euch zu sehr abgelenkt, um noch ein vernünftiges Date zu haben. Wir sind nicht zu übersehen, wie?"

Tuyet spürte, wie ihre Wangen warm wurden. Also ertappt? Das Grinsen des Jungen wurde breiter. Tuyet blickte ihm direkt auf die Zähne.

„Rot zu werden bedeutet, sich zu verraten", sagte der Junge. „Wie heißt du eigentlich?"

„Tuyet", antwortete sie sofort. Schneller, als es klug war. Sie hatte immer noch keine Ahnung, wer der Typ eigentlich genau war. Der grinste erst einmal noch ein wenig und blickte ihr dabei direkt ins Gesicht.

„Mateo!", sagte er und streckte ihr die Hand entgegen. Tuyet ergriff sie, schüttelte sie, Mateo schüttelte zurück, ließ sie aber nicht los. Stattdessen zog er sanft an ihr, deutete gleichzeitig mit der freien Hand neben sich und bugsierte so Tuyet dazu, sich neben sich auf die Treppe zu setzen. Erst, als sie wirklich neben ihm saß, ließ Mateo sie los.

„Ich wollte eigentlich nur wissen, wie ich zum Bahnhof komme, von hier aus", murmelte Tuyet.

„Zwanzig Minuten in die Richtung", sagte Mateo und deutete hinter sich auf das große, graue Gebäude. Aber wahrscheinlich meinte er wohl eine Straße irgendwo dahinter. „Du gehst einfach bis zur nächsten Kreuzung und dann nach rechts die Straße entlang. So kommst du in die Innenstadt. Die große schwarze Kirche hast du gesehen?"

Tuyet nickte.

„Von dort gehst du einfach die mehrspurige Straße entlang. Oder du rennst einfach einem der Busse hinterher, die fahren alle auch in die Richtung. Alles klar?"

Tuyet nickte wieder. Jetzt antwortete Mateo auch mit der gleichen Geste. Er sah sie weiter an. Und Tuyet stand nicht wieder auf.

Eigentlich hatte sie keine Lust, aufzustehen. Sie war nicht hergekommen, um stundenlang durch eine Kleinstadt zu wandern, wo sie niemanden kannte, dann überteuerten Kleinstadtdöner zu essen, sich einen Sonnenbrand zuzuziehen und zu spät wieder heimzufahren. Sie hatte vorgehabt, Spaß zu haben. Allen möglichen Spaß oder zumindest: Irgendwelchen Spaß. Vielleicht sogar den, den Khaleb durch sein falsches, verschüchtertes Lächeln verraten hatte. Aber sicher nicht mit ihm. Er hatte interessant gewirkt, er hatte interessant geredet. Zu blöd, dass er sich als verkrampftes Arschloch herausgestellt hatte. Sie hatte versucht, ihm noch eine Chance zu geben, nach einem Nachmittag Pause. Aber nichts. Funkstille. Wenn er sich so wenig für das Mädchen interessierte, das er in diese Kleinstadthölle gelockt hatte, dass er ihr nicht einmal eine Nachricht schicken konnte – dann brauchte sich Tuyet bei allem, was hier noch passieren könnte, keine Gedanken über die Date-Etikette zu machen.

„Wenn du mich weiter so anstarrst, wirst du deinen Zug verpassen", sagte Mateo.

Was? Er hatte recht. Während sie in ihren Gedanken vertieft gewesen war, hatte sie ihn die ganze Zeit über angestarrt, ohne ihn wirklich anzusehen. Und dann starrte sie ihn weiter an, weil sie nicht wusste, was sie sagen sollte. Wie sie sich verhalten sollte.

Mateo schien das nicht weiter zu kümmern. Er blickte auf das Smartphone in seinem Schoß und tippte darauf herum. Sein langes, ein bisschen strähniges Haar viel ihm leicht ins Gesicht. Das sah ganz locker aus. Unbekümmert attraktiv oder attraktiv unbekümmert. Aber so, wie er saß, hatte er sie natürlich immer noch im Augenwinkel.

„Entschuldige, Mateo. Ich wollte nicht starren. Ich habe nur nachgedacht. Über heute", druckste Tuyet herum.

„Über das vermasselte Date?", fragte Mateo, ohne aufzusehen.

„Ja!", antwortete Tuyet knapp und dachte bei sich: *Wieso spreche ich so offen mit einem total Fremden darüber?* War sie wirklich so einsam? Sie hatte sogar das anfängliche Unbehagen verdrängt, mitten im kleinstädtischen Nichts mit einem wildfremden Typen über ihr Liebesleben zu sprechen. Oder es war der Sonnenstich, der sich langsam in ihrem Gehirn breitmachen musste, nachdem sie den ganzen Nachmittag durch die Sonne gewandert war.

Tuyet starrte schon wieder und merkte es wieder erst zu spät, nämlich als Mateo von seinem Smartphone auf- und ihr direkt ins Gesicht blickte.

„Willst du hier bleiben?"

„Hier, bei dir?", fragte Tuyet. Ihre Stimme quiekte lauter, als sie es ertrug. Das Unbehagen war wieder da, und schrie in ihr Alarm.

„Bei uns! Es kommen gleich zwei Leute und bereiten etwas vor. Heute Abend steigt hier eine Party."

„Eure Abschlussfeier?", begriff Tuyet.

„Khaleb hat dir wohl davon erzählt?"

Tuyet seufzte.

„Ich hatte ihm angeboten, dass wir es doch noch versuchen und gemeinsam auf die Party gehen. Er hat sich aber nicht mehr gemeldet. Entweder kommt er her, will mich hier aber nicht haben. Oder er bleibt weg und bleibt alleine."

„Was hätte er denn geplant gehabt für euch?", fragte Mateo.

„Irgendwas mit Netflix. Und dass niemand bei

ihm daheim ist heute Abend und wir chillen können."

Während er Tuyet zuhörte, hoben sich Mateos Augenbrauen um mehrere Zentimeter.

Schließlich sagte er: „Du weißt schon, dass das eigentlich was anderes bedeutet, oder?"

„Ich habe ihm extra gesagt, dass ich mich dafür ganz bestimmt nicht treffe mit ihm. Und ich habe geglaubt, er hat das auch akzeptiert", begann Tuyet, sich aufzuregen, zwang sich aber zur Ruhe. „Aber Hoffnung hat er sich gemacht, das war nicht zu übersehen. Vielleicht auch nicht *totalst* umsonst, wenn bei ihm sturmfrei ist. Aber keine Ahnung. Er war nicht so, wie ich ihn mir aus unseren Gesprächen vorgestellt habe. Kommt deine Freundin auch zur Party?"

„Freundin?", fragte Mateo und klang ehrlich entgeistert über den harten Themenwechsel.

„Das Mädchen, mit dem du zusammen warst,

heute Mittag."

Tuyet konnte Mateo ansehen, wie er zu verstehen begann: Seine Augen weiteten sich merklich.

„Nein! Nein. Marie? Marie? Auf keinen Fall! Das tun wir uns nicht gegenseitig an."

Überrascht von dem plötzlichen Ausbruch fragte Tuyet weiter: „Das klingt furchtbar. Aber ihr seid immer zusammen, aber als gute Freunde, meine ich?"

Mateo nickte.

„Wir hatten eine Zeit lang die tiefste Freundschaft, die man sich vorstellen kann. Viel ist passiert. Und ja, sie kommt. Sie müsste schon unterwegs sein. Ich frage sie mal."

Damit wandte sich Mateo wieder seinem Smartphone zu, entsperrte es, wischte über den Bildschirm, bis er die richtige Stelle fand, presste seinen Daumen darauf und führte das Gerät an den Mund.

„Marie! Wo seid ihr? Seid ihr in der Drogerie schon fertig?"

Während sie auf die Antwort warteten, dachte Tuyet über das eben Gesagte nach. *Hatten? Eine Zeit lang?* Das klang nicht danach, dass es gut lief mit ihrer Freundschaft. Aber weiter kam sie in ihren Gedanken nicht, denn überraschend schnell kam die Antwort, die Mateo gleich abspielte. Am anderen Ende sprach eine Mädchenstimme, ein bisschen herb, ein bisschen tief, heiser und ein bisschen außer Atem.

„Hetz uns mal nicht. Wegen Kathrins komischer Idee müssen wir jetzt zweihundert Teelichter durch die Gegend schleppen. Und drei Feuerzeuge, zur Sicherheit. Langweilgst du dich ohne uns?"

„Zweihundert Teelichter?", fragte Tuyet, nachdem die Aufnahme geendet hatte.

„Ich bin mit Wahnsinnigen befreundet", antwortete Mateo, grinste aber dabei. „Sie haben mir vorhin geschrieben, dass sie welche kaufen wollen. Aber ich habe keine Ahnung, wofür genau." Er klopfte auf seinen Rucksack. „Dafür musste ich was zu trinken mitbringen."

Tuyet wollte noch fragen, was er mitgebracht hatte. Was diese Leute wohl auf Partys tranken? Aber Mateo nahm schon eine nächste Sprachnachricht auf.

„Bis gerade eben habe ich mich gezwungenermaßen gelangweilt. Ihr habt euch ja genug Zeit gelassen. Aber du glaubst nicht, wen ich hier gerade aufgegabelt habe. Stichwort: heute Mittag und Teehaus."

Tuyet lehnte sich zurück und presste ihren

Rücken gegen den heißen Beton der Treppenstufe über ihr. Langsam, glaubte sie, könnte sich doch entspannen. Wirklich übel schien der Typ nicht zu sein. Und wenn jetzt noch zwei Mädchen dazu kamen, würde das schon in Ordnung gehen. Der Zug, den sie eigentlich hatte nehmen wollen, dürfte demnächst abfahren. Zu bald, um ihn noch zu erreichen. Das machte jetzt gerade aber eigentlich nichts. Vielleicht lohnte es sich, noch hier zu bleiben.

Zwei, drei Minuten vergingen schweigend. Mateo schaute sie nicht an, sondern blickte abwechselnd auf sein Smartphone und nach rechts, über den Bach.

Er beachtet mich gar nicht, dachte Tuyet, *oder tut er nur so, als würde er mich ignorieren? Vielleicht schaut er mich heimlich an?*

Worauf er sich auch immer konzentrierte:

Mateo schreckte auf, als das Handy plötzlich in seinem Schoß zu vibrieren begann. Er zuckte zusammen und unwillkürlich berührten sich seine und Tuyets Schultern. Für einen Augenblick sahen sich die beiden an. Dann spielte Mateo die Sprachnachricht ab.

Sie begann mit einem rauen, ehrlich klingenden Lachen, dem aber die Kraft fehlte.

„Sag bloß, du hast das Mädchen von Khaleb aufgegriffen! Dann können wir uns ja Zeit lassen, du bist ja beschäftigt."

„Was?", das war eine zweite Stimme, ein erstauntes Rufen etwas weiter vom Mikrofon entfernt. Tuyet fand, dass diese Mädchenstimme weich und angenehm warm klang, als sie weitersprach: „Wen habt ihr denn in der Stadt getroffen?"

Dann sprach das erste Mädchen weiter. Das musste Marie sein, die sie heute mit Mateo gesehen hatte. Diese *Nur-Freundin* beste Freundin.

„Eine Asiatin, die ein Date mit Khaleb aus der Para hatte. Hatte aber wohl schnell die Schnauze voll von ihm und hat die Flucht ergriffen. Du glaubst nicht, wie Mateo geguckt hat. Fast gesabbert hat er, als-", dann brach die Nachricht plötzlich ab. Mateo hatte sie gestoppt. Dieses Mal schaute er wirklich weg, blickte konzentriert in die Richtung entgegengesetzt zu wo Tuyet saß. Bis gerade eben, fand sie, hatte er einen zwielichtigen Eindruck gemacht. Jetzt, da ihm die Röte den Hals und Nacken entlang ins Gesicht stieg, wirkte er auf sie genauso, wie sie auf ihn gewirkt haben musste: Ein klein wenig verloren. Sie konnte angesichts dieses Anblicks eines coolen Typen, der so schnell seine komplette Abgebrühtheit verloren hatte, nicht widerstehen: Ein Kichern kroch ihre Atemwege hoch.

„Rot werden bedeutet, sich zu verraten. Das

habe ich gerade erst von dir beigebracht bekommen."

Zur Antwort rutschte Mateo auf der Treppe ein paar Zentimeter von ihr weg. Das nun fand Tuyet noch ulkiger und prustete los. Sie lachte und lachte und wischte sich die Tränen aus den Augen und als sie wieder klar sehen konnte bemerkte sie, dass Mateo lächelte, wenn auch aus einem immer noch knallroten Gesicht.

„Sie müssten in zehn Minuten oder so da sein", murmelte er. Endlich traute er sich wieder, zu sprechen und Tuyet anzusehen.

Endlich: die Nacht.

Die alte Mühle stand am Rande einer Wiese nur einen Steinwurf vom Schulhof des Gymnasiums entfernt. Dreihundert oder mehr Jahre war sie alt, so genau konnte man das nicht sagen. Die Urgroßeltern in Freiweiler konnten sich angeblich noch daran erinnern, dass die Mühle in ihrer Kindheit noch in Betrieb gewesen wäre. Heute hing ihr gebrochenes Mühlrad müde in einem Nebenarm des Stadtbaches. Einige Jahre lang hatte sie als notdürftiges Stadtmuseum gedient, aber auch das war schon lange her. Mindestens fünfundzwanzig Jahre. Seither kümmerte sich niemand mehr um sie. Das Holz moderte, der Zutritt war schon lange verboten, seit Teile des Dachstuhls eingestürzt waren. Nicht, dass es noch möglich war, hineinzukommen. Das ganze Gelände war überwuchert von Himbeerbüschen und

Schlehdorn. Die Uferseite war mit weichem Gras bewachsen, aber verborgen hinter Schachtelhalm und Holunder.

Auf der Mühlenseite des Baches schlängelte sich der Fahrradweg mitten durch die halb verwilderte Liegewiese und endete auf dem Schulhof des Gymnasiums: Die äußere Ecke eines Neubaugebietes aus den Siebzigern, von dessen bunten Betonfassaden schon lange die Farbe abgeblättert war. Von der alten Mühle aus gesehen erstreckte sich das Wohngebiet vom Schulgelände aus Richtung Stadt: Wohnblöcke mit Zehn bis zwölf Stockwerken, die langsam zu bröseln begannen. Abgesehen von der Schule, die aber auch schon bessere Tage gesehen hatte, war hier alles irgendwie vernachlässigt. Niemand interessierte sich für diesen Flecken Grün in der Stadt, außer die Jugendlichen, die schon vor Generationen die Wiese als Rückzugsort für die Abende entdeckt hatten. Hier störte sich niemand an den Geräuschpegeln ihrer Unterhaltungen. Nur seltenst kamen Uneingeweihte vorbei. Auf der Wiese gab es genug Platz, um gemeinsam in Grüppchen zu feiern. Wem es dort zu laut und feuchtfröhlich wurde, fand auf dem offenen Schulhof seinen Rückzugsort. Und diejenigen, die zu zweit alleine sein wollten, fanden hinter der alten Mühle ihr Plätzchen, am mit Moos und Laub bedeckten Bachufer, versteckt hinter Büschen.

Aus dem hohen Gras drang fast unangenehm laut das Zirpen der Grillen. Es mussten unzählige sein und sie veranstalteten einen Radau, dass man sich manchmal kaum noch im Flüsterton unterhalten konnte.

Aus der Uferböschung raschelte es gelegentlich: Nagetiere, die unter den Wurzeln lebten oder kleine, verschlafene Vögel, die im engen Geäst sicher von Katzen wohnten.

Es war 22:30 Uhr, aber hier wurde es schnell dunkel: Die Nacht war schon vollkommen hereingebrochen. Über den ungefähr vierzig Jugendlichen und ihrem Rückzugsort herrschte wolkenverhangene Dunkelheit. Nur noch die hellsten Sterne und immer wieder der Mond schafften es für kurze Momente, durch die zerfetzten Wolken hindurch zu blinken.

Natürlich war es nicht ganz dunkel. Blaue Lichtflecken huschten durch die Dunkelheit: die Smartphones der versammelten Jugendlichen. Aber vor allem hatte Kathrin für Licht gesorgt. Sie war auf die Idee gekommen, die Teelichter den Fahrradweg entlang die Treppe hinauf und auf den ersten Metern des Schulhofes des Gymnasiums zu verteilen. Tuyet hatte sich gleich dazu gesellt und nach ein wenig Überzeugung hatten auch Marie und Mateo mitgeholfen, die Kerzen zu verteilen und anzuzünden. Jetzt schlängelte sich eine Kette gelber Flämmchen an der Wiese vorbei und spendete goldfarbenes, flackerndes Licht. Die meisten der Jugendlichen hatten bei ihrer Ankunft große Augen gemacht, sich umgesehen und gestaunt. *Einen verschlungenen Weg zu den Sternen*, hatte es Kathrin voll im Ministrantenmodus genannt. Marie konnte noch so sehr mit den Augen rollen, als ihre Noch-Mitschüler zu ihnen kamen und Kathrin für ihre tolle Idee beglückwünschten. Insgeheim hatte ihr die Idee auch gefallen und ihre Augen glänzten beim Anblick der kleinen Flammen genauso wie die der anderen.

Leise war das Rauschen des Baches hörbar und das Wasser, das an das Ufer klatschte. Es war unruhig und wurde mehr als sonst vom immer kühler werdenden Wind zu Wellen aufgeworfen. Das Geräusch vermischte sich auf seinem Weg über die Wiese mit dem Zirpen der Grillen und dem vielstimmigen Lachen, Kichern und Flüstern der Jugendlichen. Gedämpfte Musik zweier Bluetooth-Lautsprecher mischte sich bei. Es war das entspannte Lautgemisch einer gemütlichen Feier, das zu Tuyet, Kathrin, Mateo und Marie herüberdrang, die sich auf den Betonvorsprung rechts der Treppe, unterhalb des überdachten Fahrradunterstandes des Gymnasiums zurückgezogen hatten und die Szenerie beobachteten.

Bisher hatte es keinen einzigen Streit gegeben, kein Geschrei, nicht einmal erhobene Stimmen, außer, wenn gelacht wurden. Es war ein guter Abend. Die meisten hatten gerade so viel getrunken, um ausgelassen zu sein aber nicht so viel, um die Kontrolle zu verlieren. Einige tranken tatsächlich auch gar nichts. Ihnen reichten die Atmosphäre, ihre Freunde und die Nacht. Diese besondere Nacht auf der Schwelle zu ihren neuen Leben. Egal, was sie für die nächsten Jahre in Planung hatten, sie wussten, dass diese Nacht erst einmal Schulschluss für sie alle war. Der Schritt in die Zukunft.

Tuyet starrte ins Dunkel. Sie, die ihren Abschluss erst in zwei Jahren machen würde, fühlte sich fremd und vertraut zugleich. Vertraut mit diesen Leuten, die alle etwa so alt waren wie sie, die so waren wie sie. Die in dieser Nacht aber ein ihr vollkommen unbekanntes Gefühl lebten.

Neben denjenigen, die sich langsam betranken und denjenigen, die nüchtern blieben, gab es natürlich wie immer noch die dritte, kleine Gruppe von drei oder vier Leuten, die sich abseits der Anderen auf dem

Kiesstreifen zwischen Wiese und Betonvorsprung niedergelassen hatten.

Marie zog scharf und tief Luft ein, behielt sie kurz in der Nase und ließ mehrere schnüffelnde Atemzüge folgen. Der Geruch nach getrockneten Kräutern, die versehentlich auf eine heiße Herdplatte gerieselt waren, erfüllte ihre Nasenflügel. Schnell drückte sie ihren Zeigefinger unter die Nase, stand rückwärts auf und ging um die erste Reihe Fahrradständer herum. Unterwegs winkte sie Mateo, der verstand, nickte und ihr in die Dunkelheit des Schulhofes hinter den letzten Teelichtern folgte. Ein klein wenig besorgt, aber offensichtlich interessiert, blickte Tuyet ihnen hinterher. Kathrin würde es ihr schon erklären. Dass Marie kein Gras vertrug, nicht einmal passiv. Dass ihr davon höllisch schlecht wurde, war ein offenes Geheimnis. So bekannt in ihrem

Jahrgang, dass es gut möglich war, dass sich die Jungs extra so nahe zu ihnen gesetzt hatten. Tuyet war ein intelligentes und neugieriges Mädchen. Vielleicht würde sie noch mehr ahnen. Aber Kathrin behielt Geheimnisse normalerweise immer für sich, man konnte ihr vertrauen. Solange sie nüchtern war, immerhin. Aber von der Röte in ihrem Gesicht zu urteilen hatte Kathrin von Mateos furchtbarem Gesöff schon gut einen sitzen.

Was solls, dachte Marie, *in spätestens einer Stunde wird sie erfahren können, wie ich bin. Wenn sich jetzt nur eine gute Gelegenheit ergeben würde.*

Und, wenn sie sich trauen würde. Erst, als sie sich noch einmal umdrehte, um zu sehen, dass Mateo ihr auch wirklich folgte, erkannte Marie, dass Tuyets neugieriger Blick gar nicht ihr galt, sondern ihm. Und, dass er ihren Blick erwiderte.

Sie hatten sich heute Abend öfters so angesehen, seit sie sich gemeinsam für eine halbe Stunde verkrochen hatten, um Pizza für sie vier zu holen. *Was ein ekliger Funkenschlag*, dachte Marie.

Dann tauchten sie in die Dunkelheit ein. Es gab keine einzige Laterne auf dem Schulhof, die um diese Uhrzeit noch brannte. Für einen Moment, während sich ihre Augen an die Dunkelheit gewöhnten, war Mateo nichts als ein grauer Schatten auf grauem Grund. Dass er nur Schwarz trug, half dabei auch nicht besonders.

„Ich habe fast nichts gerochen. Reagierst du so empfindlich auf das Zeug?", fragte er.

„Es ist stärker als früher. Ich vertrage schon den Geruch nicht mehr. Herzrasen und meine Gedanken fühlen sich … noch komischer an. Aber ich habe sowieso eine Ausrede gebraucht, um kurz wegzugehen von den anderen."

„Nerven sie dich? Tuyet doch nicht, oder?"

Wie komisch. Dass er sich ausgerechnet um sie solche Gedanken macht. Marie versuchte sich an einem Lachen. Aber es gelang ihr so wenig, dass sie stattdessen fast zu husten begann. Also log sie stattdessen.

„Ihr stört mich jedenfalls nicht. Gut, dass du Tuyet aufgegabelt hast. Sie ist ganz in Ordnung. Was mich stört, sitzt da drüben im Gras", sagte sie, während sie die Hand ausstreckte und an dem Fahrradunterstand vorbei irgendwo auf die Wiese deutete. „Hast du sie gesehen, Mateo? Bitte sag mir, du hast die Scheiße gesehen!"

„Scheiße von wem denn?", fragte Mateo, der offenbar nichts verstand und ungeduldig klang. Ungeduldig? Jetzt, als sie sein Gesicht in der Dunkelheit erkennen konnte, sah sie es: Was erst wie

Besorgnis ausgesehen hatte, war Genervtheit. Er war zwar mit ihr mitgekommen, aber es war klar, dass er nicht bei ihr sein wollte. Das war das erste Mal, dass sie so ein Gefühl in seinem Gesicht sah.

Schnell ruckte sein Kopf zur Seite, als er hinter sich blickte. Zurück zu seinem Sitzplatz. Neben Tuyet, mit der er sich den ganzen Abend über mehr unterhalten hatte als mit Marie oder irgendwem sonst. Marie musste es also kurz machen.

„Von Lara spreche ich, Mateo! Von Lara und ihrem Freund und Bastian! Wie die beiden sich gegenseitig ablecken, während Bastian noch zuschaut. Oder wie Lara beide abwechselnd umarmt. Als hätte sie zwei Typen zum Preis von einem! Nur, dass sie einen hat und der andere ein Idiot an der kurzen Leine ist!"

„Denkst du immer noch daran? Was

interessiert es dich denn?", fragte Mateo und fügte dann hinzu: „Lass die doch in Ruhe. Es ist nicht deine oder meine Sache. Oder willst du was von Bastian? Oder von Lara?"

Wieder drängte etwas in ihr darauf, ein lautes Lachen auszustoßen. Wieder bekam sie keines heraus.

„Ich", begann sie, während sich Mateo wieder umdrehte, wieder zurückblickte Mateo, ihr bester Freund, dachte nicht an sie, selbst wenn sie direkt mit ihm redete. Marie gab auf. Anstatt ihren Satz zu beenden, griff sie in ihre hintere Hosentasche, holte das zweite Handy hervor, entsperrte es und navigierte durch das Menü. Dann erst sprach sie weiter: „Ich habe etwas, mit dem ich für die beiden die Uhr zurückdrehen kann. Für Bastian und Lara meine ich:"

Dann fand sie das Video, startete es und hielt Mateo den Bildschirm hin. 3 Minuten 37 Sekunden lang starrte Mateo auf den Bildschirm. Nachdem er wieder dunkel geworden war und kein Geräusch mehr aus dem Gerät drang, dauerte es trotzdem noch eine paar Sekunden, bevor sich Mateos Augen wieder hoben und Marie fixierten.

„Ich hätte gerne viele Jahre leben und alt und traurig sterben können, ohne dieses Video gesehen zu haben. Marie, wo hast du das her? Was ist das überhaupt?"

„Ich habe es von meinem Cousin. Er-", hob Marie an, aber Mateo unterbrach sie sofort.

„So was zeigt dir dein Cousin?"

„Sei doch nicht so laut! Ja, Max. Er kennt doch Martin von seiner Arbeit. Bei der Bundeswehr? Er kommt öfter bei dem seiner Truppe vorbei, in der deutsch-französischen Kaserne. Das Video haben sie vor drei Wochen auf einer Geburtstagsfeier aufgenommen, auf die mein Cousin von einem Freund eingeladen wurde. Hast du die Dekoration auf dem Video gesehen? Die Girlanden und die komischen Partyhüte und das Zeug?"

Mateo nickte. „So feiern wohl Leute, die über zwanzig sind. Ich kann kaum erwarten, so langweilig zu sein."

„Die Musik war ja auch furchtbar. Aber das ist jetzt egal, Mateo, lenke mich nicht ab", fauchte Marie und fügte ruhiger hinzu: „Sein ganzes Profil war voll mit diesen Bildern und er wurde auf noch mehr Bildern getaggt. Aber keine, die zu schlimm waren. Die haben wohl alle aufgepasst, nicht die größte Scheiße hochzuladen. Das Video hat mein Cousin von irgendwem dort bekommen. Es war eigentlich länger. Weil er weiß, dass ich Martin kenne, hat er es mir gezeigt. Und ich habe es halt von seinem Handy gezogen und bei mir gespeichert, als er geschlafen hat. Da war er mal wieder bei Oma udn Opa und hat halt übernachtet um ... nach dem Rechten zu sehen, keine Ahnung", Marie zuckte mit den Schultern. „Es kam mir wichtig vor."

„Und was hast du jetzt damit vor?", fragte Mateo, blickte hinter sich, Richtung Wiese, drehte sich wieder zu Marie um.

„Ich weiß es nicht", gestand sie leise, „aber irgendwas muss ich doch damit machen, oder nicht? Wenn man so was weiß."

„Wenn man so was weiß, kann man auch einfach die Klappe halten, Marie. Und sich nicht in alles Mögliche einmischen. So kenne ich dich nicht. Ich weiß nicht, wieso dich das überhaupt kümmert. Das Privatleben von anderen Leuten? Von Lara und Bastian?"

„Es kotzt mich einfach an, das ist alles", antwortete Marie.

Natürlich war das nicht alles. Es war kaum etwas. Aber das musste reichen. Mateo konnte ihr wohl nicht helfen, das war klar. Nicht mit dieser Einstellung und mit so wenig Interesse an der Sache – oder an ihr? Jedenfalls war das nicht seine Welt. Oder er wollte ihr tatsächlich einfach nicht helfen.

Weil ihn gerade etwas Anderes interessierte?

Weil ihn gerade etwas Wichtigeres interessiert!, dachte Marie.

Gemeinsam gingen Marie und Mateo zurück an den Fahrradständern vorbei zum Betonvorsprung. Die Kiffer hatten sich mittlerweile wieder verzogen und der aufkommende Wind hatten die letzten Schwaden hinter ihnen verweht.

Ohne Marie noch einmal anzuschauen, setzte

sich Mateo neben Tuyet und griff nach seinem Becher.

„Schon kalt", murmelte er ein bisschen enttäuscht, trank aber trotzdem. Tuyet blickte zu Marie hoch und lächelte, wandte sich aber gleich darauf Mateo zu, ohne etwas zu sagen.

Kathrin sah sie nicht an, als sich Marie zwischen sie und Tuyet setzte. Stattdessen legte sie ungefragt und ohne Vorwarnung den Kopf auf Maries Schulter und gähnte laut und ungehemmt. Ihr ausströmender Atem roch nach Alkohol. Das Gefühl des Kopfes auf ihrer Schulter gefiel Marie nicht, noch weniger der Eindruck, dass sich Kathrin leicht an ihren Arm schmiegte. *Ihre Körperwärme. So macht man das wohl*, dachte Marie, *wenn man gemeinsam feiert. Man kuschelt mit jemandem, der das gar nicht will.* Marie musste den Impuls in sich unterdrücken, die Schulter abrupt zurückzuziehen, sodass Kathrins Kopf von ihr herunterrutschte Sie würde ihrer Freundin diesen einen Gefallen schon tun können. Glücklicherweise brach Tuyet das Schweigen.

„Es ist noch nicht mal Mitternacht. Bist du schon so fertig?", fragte sie Kathrin über Maries Knie hinweg.

Kathrin schüttelte den Kopf, ohne ihn zu heben. Marie spürte immer noch ihr langes Haar in ihrem Kragen und die warme Wange auf ihrer Haut.

„Nein!", sagte Kathrin, während sie erneut gähnte. „Ich brauche nur eine kleine Pause von allem. Oder was zu tun. Marie, hast du Tom gesehen?"

„Irgendwo habe ich ihn heute Abend schon gesehen", antwortete Marie schmallippig, „aber wo er jetzt ist? Keine Ahnung. Wahrscheinlich unten am Bach, bei den Jungs. Wo wirklich das harte Zeug rumgeht."

Kathrin nickte, immer noch den Kopf auf Maries Schulter, stand dann aber auf. Sie griff nach ihrer Tasche und warf sie sich über die Schulter.

„Ich muss ihm noch was bringen, was er vergessen hat. Ich komme gleich wieder."

Damit rutschte sie vom Betonvorsprung und wanderte über die Wiese davon Richtung Bachufer.

Jetzt waren sie nur noch zu dritt und es erschien Marie noch stiller als zuvor. Mateo machte gerade Anstalten, den ersten Anlauf zu starten, Tuyet den Arm um die Schulter zu legen, als diese plötzlich wieder interessiert aufblickte.

„Guckt mal da unten", flüsterte sie und deutete auf die Wiese, „ich denke, da gibt es Streit. Wisst ihr, wer das ist?"

Marie folgte der Richtung, in die Tuyet deutete und erkannte im blassen, grauen Mondlicht, was sie meinte: aufgeregtes Gestikulieren. Jemand von einer Gruppe von vier oder fünf, stand auf, dann zwei weitere. Gegen die Geräuschkulisse des Abends und dem langsam lauter wehenden Wind konnte Marie nicht verstehen, was die Leute sagten. Aber sie stritten sich laut genug, um zumindest das zu begreifen und der Ton war scharf. Das war kein spaßhafter, freundschaftlicher Zank. Es ging um etwas.

„Das sieht mir nach Bastian und Lara aus", murmelte Mateo und erklärte für Tuyet weiter: „Die beiden sind bei uns in der Klasse."

„Das sieht wie eine schwere Beziehungskrise aus", sagte Tuyet nachdenklich.

So falschliegen und trotzdem so recht haben kann man nur, wenn man die beiden nicht kennt, dachte Marie, *ohne den Blick abzuwenden.* Sie musste jedes Detail dessen aufnehmen, was nur wenige Meter entfernt im

Halbdunkel vor sich ging.

Mateo erklärte währenddessen für Tuyet weiter: „Der Zweimetertyp, der neben dem Mädchen ganz in Schwarz steht und gar nichts macht, das ist ihr Freund."

Er hatte recht. Martin stand einfach nur da und guckte mit hängenden Armen, während sich Lara und Bastian stritten. Neben Lara saßen noch zwei. Isabella und Ben, sicher. Isabella versuchte offenbar, auf die beiden einzureden. Aber Lara und Bastian waren viel zu tief in ihrer Diskussion vertieft, um sie überhaupt zu bemerken.

Das ging eine Minute so, in deren Verlauf der Streit lauter wurde. Aber Marie verstand trotzdem nicht viel mehr als ein paar halbe Wortfetzen. Sollte sie näher herangehen, um es hören zu können? Wie würde das aussehen? Und wieso sollte sie das kümmern? Man hatte ihr in der Schule Jahre lang ganz deutlich gezeigt, dass man sie für die Komische hielt. Für die Unverständliche, für die Schwierige. Hatte es ihr ins Gesicht gesagt, mit unmissverständlichen und bösartigen Worten. Lara nicht. Sie und ihre Clique dort nicht. Aber der verdammte Rest. Wenn es komisch aussehen würde, man würde ja doch kein normales Verhalten von Marie erwarten. Aber sie tat trotzdem nichts und blieb sitzen. Es war eine schlechte Idee, Aufmerksamkeit auf sich zu lenken. Besonders mit dem, was sie vorhatte.

„Ich habe noch nie gesehen, dass die beiden sich so an den Hals gehen können", sagte Mateo.

Er hatte wieder recht und es ging nicht nur ihnen auf dem Betonvorsprung so, denn langsam begannen sich mal hier, mal dort auf der Wiese, Köpfe in ihre Richtung zu drehen. Es wurde hörbar leiser, als

Gespräche abbrachen und sich die Aufmerksamkeit Lara und Bastian zuwandte. Lara und Bastian, die bis jetzt ganz in ihrer wilden Diskussion vertieft gewesen waren, nun aber plötzlich erstarrten. Lara mit offen nach außen, Bastian entgegen gestreckten Händen. Bastian in einer abwehrenden Haltung, die Arme vor der Brust verschränkt, den Oberkörper schon halb abgewandt. *Lara versucht, ihm etwas zu erklären. Aber er hat genug von ihrer Scheiße*, dachte Marie. *Es wäre nur zu schön zu wissen, was die beiden so aufgeregt hat.*

Beide standen für ein paar Sekunden wie angewurzelt da und sahen sich um. Erst jetzt wurde ihnen anscheinend klar, dass sie von der halben Party beobachtet wurden. Lara blickte mehrmals von Gruppe zu Gruppe, zu Bastian und zu Martin neben ihr. Der stand nur da, das Handy in der Hand und blickte zwischen den beiden besten Freunden hin und her. Es sah nicht so aus, als hätte er irgendwann eingreifen wollen. Oder als hätte er irgendeine Idee gehabt, was er hätte tun können.

*So wenig **empathisch** er ist, umso blöder ist er*, dachte Marie und ein kurzer Rausch wehte durch ihren Körper. Es war Stolz, weil sie sich dieses schwierige Wort aus dem Reliunterricht hatte merken können.

Bastian schien nur kurz um sich zu linsen, dann ließ er den Kopf hängen. Sagte jemand etwas?

Jetzt *war* der ideale Moment, oder nicht? Hastig, hoffentlich ohne komisch auszusehen, nestelte Marie an ihrer Tasche, machte sie auf und kramte darin herum. Handy Nummer 1, ihr normales Alltagsgerät. Das war da. Und darunter, in einem Extratäschchen unter einem Reißverschluss: Das Zweite. Marie tastete durch die Tasche, fand das Handy, den Reißverschluss – öffnete ihn aber nicht.

Sie tat nichts, sondern zog die Hand einfach heraus, betrachtete sie. Sie zögerte doch noch. Wann sollte sie ihren Plan endlich umsetzen?

Vielleicht doch nicht jetzt, dachte sie, *kein Öl ins Feuer gießen, wenn Bastian gar nicht darauf reagieren kann. Wenn er die Chance gar nicht ergreifen kann.*

Aber wenn sich Bastian und Lara jetzt zerstreiten würden, was dann? Dann hatte sich ihr Plan auch erledigt.

Auf der Wiese wurde es langsam wieder entspannter und lauter. Bastian und Lara sahen einander noch einmal an, dann drehten sich die beiden fast synchron in zwei entgegengesetzte Richtungen um. Lara zu Martin, der sie in die Arme schloss. Bastian Richtung Schulhof des Gymnasiums. Er stapfte durch das Gras und auf den Fahrradweg. Dabei stieß er zwei der wenigen Teelichter um, die noch brannten. Sie rollten ein paar Zentimeter und blieben am Rand des Grases liegen.

Eine Brandgefahr, dachte Marie. Aber Bastian schien es gar nicht bemerkt zu haben. Stattdessen trottete er auf das Gymnasium zu. Marie verfolgte ihn mit den Augen.

Er würde gleich an ihnen vorbeikommen. Wie sollte sie ihn ansprechen? Rufen vielleicht? Würde er überhaupt auf sie reagieren? Winken vielleicht? Hier her?

Mateo und Tuyet unterhielten sich leise neben ihr, hatten sich aber schon wieder vom Geschehen abgewandt. Und von Marie. Es tat ein bisschen weh, dass sie sie so gut ignorieren konnten. Aber jetzt gerade war es ihr sogar recht.

Fuck it! Sie sprang auf, griff sich ihre Tasche, zog sie aber nicht mehr über den Rücken und lief um den Betonvorsprung herum. Mit schnellen Schritten ging sie Bastian hinterher. Die Bänder unterhalb der Schlaufen ihres Rucksacks schleiften über den Boden. Sie würde darauf treten, stolpern, auf die Schnauze fallen – Chance vertan. Sie würde sich irgendwas blutig aufschlagen, jemand würde lachen. Bastian würde sie einfach ignorieren.

Aber nichts davon geschah und Marie konnte hinter Bastian aufholen. Der war mittlerweile stehen geblieben, Marie den Rücken zugewandt, das Gesicht der dunklen Fassade der Schule zugewandt. Murmelte er etwas? Marie glaubte, etwas hören zu können. Aber es konnten auch Geräusche von der Party hinter ihnen sein. Oder sie bildete es sich einfach nur ein. Oder es war einfach irgendein anderes Geräusch, dass der Wind von irgendwoher trug. Er wehte jetzt noch schärfer und kühler. Und er fühlte sich feuchter an. Es war in den letzten Minuten wieder merklich dunkler geworden. Bastian zitterte. Vor Anspannung oder weil er fror?

Noch konnte Marie sich davon schleichen und so tun, als wäre nichts gewesen. Als wäre sie einfach nur irgendwo hin ungestörtes zum Pinkeln gegangen. *Pfeif drauf!*, dachte sie. Sie hatte sich vor zwei Wochen dazu entschlossen, etwas Gutes zu tun. Sie brauchte jetzt keinen Zuspruch mehr.

„Bastian?!"

Er drehte sich nicht um. Er sagte nichts. Aber in der Dunkelheit hatte es so ausgesehen, als hätte er gezuckt. Ein schwaches Erzittern seiner Schultern.

„Bastian?", fragte Marie erneut, diesmal lauter. Und sie spürte dabei, wie ihre Nervosität in Ungeduld umschlug. Sie fühlte jetzt schon langsam Wut durch ihre Brust emporklettern wie eine müde aber böse, fette Spinne, die unter ihren Rippen wohnte. Die Medikamente hatten dem Vieh ein paar Beinchen ausgerissen, hatten ihm die Zangen und Zähne stumpfgeschliffen, aber noch konnte sie kriechen, noch konnte sie Gift sprühen. *Wenn sich das Arschloch nicht endlich umdreht!*

~~~~~~~~~~~~~~~~~~~~~~~~~~

„Bastian!"

Natürlich! Alles, was er jetzt wollte, war Ruhe. Ein paar Minuten Alleinsein, um darüber nachzudenken, wer von ihnen der größere Arsch gewesen war. Ein paar Minuten, ohne andere Menschen und ein paar Minuten, um zu heulen. Aber irgendjemand begriff das natürlich nicht.

„Bastian?"

Wer war das eigentlich? Lara nicht. Isabella nicht. Kathrin vielleicht? Klang nicht nach ihr. Wer konnte ihn jetzt stören wollen, den er nicht an der Stimme erkannte?

„Bastian!"

Er drehte sich um.

„Was willst du denn?", platzte es noch in der Drehung aus ihm heraus. Er hatte mit allen möglichen Leuten gerechnet, aber nicht mit Marie und schon gar nicht in diesem Zustand. Zitterte sie etwa? Ein wenig an den Schultern, dort konnte man es gut sehen. Durch das Halbdunkel hindurch starrte ihn ein Mädchen an, die Bastian kaum wiedererkannte. Die so anders aussah als in der Schule. Kein höhnisches Grinsen, keine hochgetragene Nase, keine misstrauisch zusammengekniffenen Augen, keine ironisch hochgezogene Braue. Sondern ganz einfach:

Nervosität. Sie begann zu lächeln, als sich ihre Blicke trafen, aber Bastian entging nicht, dass ihre Hände zu Fäusten geballt waren. Das war schon wieder normaler. Bastian bereute seinen groben Ton trotzdem nicht. Sie störte jetzt genauso, wie alle anderen es auch getan hätten.

„Du siehst nicht gut aus", sagte das nervöse Mädchen, das Bastian kaum wiedererkannte und fügte hinzu: „Ich will mit dir darüber reden."

„Und ich will gerade eigentlich gar nicht reden. Marie, ich weiß nicht, was du gerade jetzt willst, aber ich brauche eine Pause."

„Von den Idioten, sicher. Sah nicht so toll aus, wie es bei euch gerade abging. Aber ich wollte -"

„Wieso verpisst du dich nicht einfach?", unterbrach sie Bastian, als sich die Wut in ihm Bahn brach. „Mich interessiert nicht, was du willst oder irgendjemand sonst."

Er schrie, brüllte fast und erschrak so sehr vor sich selbst, wie er offensichtlich Marie erschreckte: Wie in Zeitlupe konnte Bastian sehen, wie sich ihre Augen weiteten, wie sich ihr Gesicht nach rechts drehte, der Mund vor Schreck halb offen, als hätte er ihr ins Gesicht geschlagen. Für eine Sekunde stand sie still und starrte mit zitternden Augen an ihm vorbei in die Dunkelheit. Dann sah es so aus, als ob sie sich einfach drehen, umkehren und weggehen würde. Aber da tat es Bastian schon wieder leid. Die Wut, die sich gar nicht ihretwegen in ihm aufgestaut hatte, war weg. Die Kraft des Zorns, der sich in seinen Händen, unter seinen Rippen und in seinem Kopf angestaut hatte, war herausgeschrien. Nichts war geblieben als Leere und ein Jucken im linken Arm, in der Haut, das ihm unmissverständlich sagte, dass er wieder einen Fehler gemacht hatte.

„Warte bitte, Marie. Sorry. Ich wollte nicht so mit dir reden. Es ist nur gerade echt kompliziert geworden, bei uns", sagte er und deutete zur Wiese, dorthin, wo Lara gewesen war. Aus der Entfernung konnte er sie nicht sehen. Oder war sie weg? Mit Martin? So bald nach ihrem Streit? „Ich will eigentlich wirklich nicht darüber reden, was passiert ist. Aber reden soll ja helfen, schätze ich?", fuhr er fort. Er ging an Marie vorbei auf eine Bank auf dem Schulhof zu und setzte sich. Nicht darauf, sondern vor die Bank, mit dem Betonsockel der Bank als Lehne. Marie folgte ihm langsam, setzte sich links neben ihn auf die Bank, die Beine übereinander geschlagen. Das Knie auf der Höhe seines Ohres. Wäre es Lara, Bastian hätte seinen Kopf auf ihr Bein legen können, wenn er sich schlecht fühlte. Zumindest, wenn Martin nicht dabei war.

Nur für eine Sekunde blitzte ein Bild vor seinen Augen auf: Sein Kopf auf Laras Knie gebettet. Sie hatte einen Rock an und darunter Kniestrümpfe, die ihr wohl bis über die Schienbeine gingen. Der Wind über ihnen griff fester in die Baumkronen und Bastian fröstelte. Wahrscheinlich würde sein Gesicht ihr Knie wärmen und nicht umgekehrt. Aber das wäre doch auch nicht tragisch? Aber Bastian besann sich. Es war eine dumme Idee, auf die wieder nur sein Hirn kommen konnte. Und trauen würde er sich ohnehin auch nicht. Und dann bei Marie?

Vorsichtig schielte er hoch nach schräg links, um zu sehen, ob sie etwas bemerkt hatte, aber Marie schaute ihn gar nicht an, sondern blickte auf den Eingang des Schulhofes, zu den letzten flackernden Teelichtern.

Daneben saß doch Maries kleine Gruppe? Er

hatte sie vorhin schon gesehen: Kathrin und Marie, Mateo und noch so ein Mädchen, die er nicht kannte. Er hatte sich überlegt gehabt, zu ihnen zu gehen, bevor der Streit mit Lara komplett aus dem Ruder gelaufen war. Mit ihnen reden, sie etwas fragen, Kathrin oder Mateo ansprechen. Aber er hätte nicht gewusst, was er hätte sagen können. Es hätte komisch ausgesehen. Für Lara, die davon nur noch angefressener gewesen wäre. Sie hätte nicht verstanden, dass er einfach nur wegwollte Weg von Martin, der nichts sagte, sich nie einmischte, keine Meinung hatte. Der nur seine Finger nicht von Lara lassen konnte, gierig und grob. Weg von Lara, die ihm wegen nichts beinahe die Freundschaft aufgekündigt hatte. (*Fast nichts*, korrigierte ihn seine Kopfstimme.) Weg von Isabella und Ben, die sich kaum zu helfen wussten und warteten, bis der Sturm vorbei war, um Lara zu trösten. Ihn, Bastian, würden sie nicht beachten. Er war ganz einfach weniger wichtig.

„Wer ist das Mädchen, die bei euch sitzt?", fragte Bastian in die Stille hinein.

„Kennst doch Khaleb aus der Paraklasse? Das ist sein Internet-Date. Lange Geschichte, jetzt sitzt sie halt bei uns", antwortete Marie.

„Und Mateo spannt sie ihm gerade aus oder was?", fragte Bastian und spürte gleich darauf neben seinem Gesicht etwas zucken. „Wie geht's dir damit?", fügte er schnell hinzu.

„Die wird schon nichts für lange von ihm wollen", brummte Marie angesäuert.

Bastian musste unwillkürlich grinsen. „Als ich bei euch vorbeigekommen bin, hat Mateo gerade versucht, sie zu umarmen, oder? Sie sah nicht uninteressiert aus."

„Ist doch egal!", zischte Marie. Das war der Tonfall, den er von ihr kannte, wütend und zu allem bereit. Aber etwas Neues war in ihr zu hören: Müdigkeit und Traurigkeit. *Sie könnte noch kämpfen*, dachte Bastian, *aber sie will nicht mehr.*

„Gewöhne dich dran. Du hast es früher oder später gemusst. Dich daran gewöhnen, dass er jemanden findet, meine ich. Du kannst ja nicht erwarten, dass er jetzt Single bleibt, solange ihr befreundet seid. Du musst -", aber Marie unterbrach ihn mit einem Fauchen: „Halt doch die Schnauze!"
Sie sprang auf, umrundete Bastian und stellte sich vor ihn. Die Fäuste wieder geballt, die Brauen zusammengezogen und die Augen, soweit es Bastian in der Dunkelheit erkennen konnte, zu zwei schmalen, schwarzen Sicheln verengt. Endlich war sie wieder da, das Mädchen, das Bastian seit dem Kindergarten

kannte: Kraftvoll, mit mehr Energie, als sie ertragen konnte. All der Energie, die sich immer nach außen richtete, auf alle um sie herum, als Begeisterung oder als Aggression. Das Mädchen, das im Stillen viel grübelte, aber sofort das Denken vergaß, wenn sie sich im Rausch des Augenblicks verfing. Bei der wenige Worte und kleine Gesten reichten, um in Euphorie auszubrechen. Oder das Gegenteil. Und aus ihren Augen sprühte die Wut. Ihre Lippen waren zu zwei dünnen Strichen zusammengepresst, verformt zu der Art bösem Lächeln, das man immer aufsetzt, wenn man mit den Tränen ringt. Oder mit dem Wunsch, einfach auszuholen und zuzuschlagen.

„Bastian Zeckner gibt mir jetzt also Tipps, wie ich mit der neuen Beziehung von meinem besten Freund umgehen soll. Ob es jetzt eine ist oder nicht. Ja?" Marie lachte kurz und leise. „Du bist ja genau der

Richtige dafür. Worüber habt ihr euch vorhin gestritten, Bastian? Irgendeinen Scheiß, der sie stört, oder? Irgendetwas, das du falsch gemacht hast, ihrer Meinung nach. Und während wir hier labern, tröstet Martin deinen Liebling hinter der Mühle, oder? Und wenn sie fertig sind, rennst du zurück und entschuldigst dich, damit sie Ruhe gibt. Das ist es doch? So ist es bei euch. Und du willst mir jetzt groß erklären, wie es geht? Wie gut es bei euch miteinander funktioniert? Wie man sich mit so was arrangiert und wie man Kompromisse eingeht, damit alle damit klarkommen und am Ende hättest du mir noch erzählt, dass du glücklich damit bist. Und du hättest es vielleicht **sogar selber noch geglaubt!**"

Maries ganzen Monolog über war Bastian still geblieben. Zu widersprechen, zu streiten hatte keinen Sinn. Außerdem war er genug damit beschäftigt, jeden

Muskel in seinem Gesicht zu kontrollieren. Sie sollte ihm bloß nichts anmerken können. Aber die ganze Zeit über hatte er gespürt, wie eine ungesunde Spannung in seinem Inneren stärker geworden war, weh tat. Bastian zwang sich, sitzen zu bleiben, zu warten, bis sich Marie wieder beruhigte. Aber dann sagte sie die letzten Worte, die letzten zwei Sätze und was sich auch immer in ihm gespannt hatte – es riss. Er spürte es, hörte es beinahe.

... Dass du glücklich damit bist ... hättest es ... noch geglaubt ...

Bastian stand auf.

„Dann verpiss dich doch endlich, wie ich's vorhin schon gesagt habe!" Seine Stimme zitterte, hoffentlich klang sie nicht so, wie sie sich anfühlte. „Ich habe keinen Bock auf dich und auf irgendeine Psychonummer von dir! Ich will meine Ruhe und dachte, du hast irgendwas zu sagen, was uns beiden hilft. Du wolltest doch reden. Und dann kommst du mir so? Kotzt mich an wegen Sachen, von denen du ganz bestimmt keine Ahnung hast und dich auch nichts angehen. Wieso mischst du dich ein? Und wenn ich sage, dass es gut so ist, wie es ist, was interessiert es dich? Es ist mit uns einfach etwas Besonderes und -"

Bastian holte Luft, wollte weiter sprechen, wollte weiter all seine Wut auf Marie abladen, die sich in ihm aufgestaut hatte. Aber Marie ließ ihn nicht weiter reden. Mit ganz ruhiger Stimme, leise und stark, fragte sie ihn einfach: „Bist du glücklich damit?"

Bastian stockte mitten im Gedankengang. Er hatte erwartet, dass sie ihn anschreien würde oder weinen oder einfach weggehen. Irgendwas. Aber das nicht.

„Wenn ich ja sage, akzeptierst du es nicht und

nervst mich weiter. Und wenn ich nein sage, akzeptierst du es und nervst mich wahrscheinlich auch weiter. Was macht es für einen Unterschied?", fragte er.

Marie sagte nichts, sondern machte einen Schritt auf ihn zu, zögerte und machte einen weiteren Schritt auf ihn zu. Ihre Blicke trafen sich und seine Augen wurden von ihrem Starren nicht mehr losgelassen. Ihre Hand streifte seine. Wollte sie ihn umarmen? Ihn doch noch ohrfeigen? Ihn küssen? Zwischen ihre Gesichter passte kaum mehr ein Wörterbuch. Bastian war von dem plötzlichen Stimmungswechsel so verdattert, dass er nur noch stehen bleiben und darauf warten konnte, was als nächstes passierte. Dieses Hin- und Herpendeln von Stimmungsextrem zu Stimmungsextrem war so sehr Marie, dass er beinahe ein Grinsen unterdrücken musste.

Ihre Hände streiften einander erneut und dieses Mal umfasste Maries rechte seine linke Hand und zog sie sanft nach oben bis auf die Höhe ihrer beiden Nasen. Sie war eiskalt! Dann legte Marie den Kopf schräg und ihr Blick wanderte nach unten. Bastian wusste, worauf sie blickte, er musste gar nicht nachsehen: Ihre Unterarme berührten einander von den Handgelenken bis zu den Ellenbogen. Seine Kratzer und Schnittwunden, teilweise schon vernarbt, teilweise halbwegs frisch, lagen auf ihren Kratzern und Schnittwunden, die meisten vernarbt, manche kaum verschorft. Natürlich: Sie war Linkshänderin, er war Rechtshänder.

„Du trägst selten kurze Ärmel, Bastian. Wir könnten jetzt ohne Probleme Blutsbrüderschaft schließen, wie in der Grundschule. Oder Blutsgeschwisterschaft oder wie man das auch nennt.

Keiner von uns beiden würde groß zucken, wenn der Andere die Rasierklinge rausholt", sagte Marie weiter mit ihrer ruhigen, starken Stimme. „Ich weiß ja nicht, wie du das mittlerweile sonst machst. Ich habe eigentlich fast immer was in der Tasche. Ich habe noch nie eine außerhalb von zu Hause gebraucht, aber man weiß ja nie?"

Bastian spürte, wie sein Gesicht zuckte. Die Muskeln über den Wangen zitterten, als er sich von Marie ertappt fühlte. Sie hatte recht. Sie verstand alles Er blickte kurz auf die vernarbte Haut seines Unterarmes. Zugeben würde er nichts. Nicht Marie gegenüber. Auch wenn er schon überhaupt nichts mehr davon verstand, was gerade abging. Gerade eben hatte er noch gedacht, dass Marie ihn küssen wollte und das wäre – nicht schlecht gewesen? Zumindest nicht *schlecht*, ganz sicher. Oder sie hätte ihn ohrfeigen können. Stattdessen unterhielten sie sich jetzt darüber, dass sie sich schnitten?

„Das ist es ernsthaft, was du willst?", fragte Bastian.

„Nein, Bastian. Aber ich will dir was sagen. Ich weiß eine ganze Menge über das Unglücklichsein. Und ich weiß, dass jemand, der glücklich ist, jeden Tag in der Schule nicht so guckt wie du. Und so still ist, sogar seinen Freunden gegenüber, von denen einer seine Exfreundin ist. Der er immer noch verliebt hinterher guckt, wenn er glaubt, dass es niemand sieht. Und, dass niemand glücklich ist, von denen der Unterarm so aussieht wie unsere."

„Du hast mir immer noch nicht gesagt, was dich das überhaupt interessiert!", brummte Bastian. Dieses ganze Theater hatte ihn zwar irgendwie abgelenkt, aber langsam hatte er endgültig genug. Marie stieß mit diesem Gespräch in noch unangenehmere Themen vor.

„Ich denke, Bastian, ich kann das ändern. Ganz ehrlich, schau mich nicht so an. Es interessiert mich", sagte Marie und blickte ihn wieder wie zuvor so fest in die Augen, dass sich Bastian fühlte, als könne er sich nicht von ihrem Griff lösen. „Ich denke, ich habe etwas, das erreichen kann, dass du und Lara ziemlich sicher wieder zusammenkommt!"

WAS?!

~~~~~~~~~~~~~~~~~~~~~~~~~

Sobald sie endlich ausgesprochen hatte, was ihr so lange auf der Zunge gebrannt hatte, woran sie so lange hatte denken müssen, fühlte sie sich leichter. Es war wie ein Block Trockeneis, den sie auf den

Schultern hatte tragen müssen: Ein riesiges Gewicht, dass ihr die Kraft nahm, dessen Eiseskälte ihr die Energie raubte und dessen Dampf sie erstickte. Jetzt lag der Ballast vor ihren Füßen, Bastians und ihren.

Bastian zog unsanft seine Hand aus ihrer.

„Du redest eine Scheiße! Das ist nicht möglich. Und wer will das überhaupt?", fauchte er, während er sich von ihr abwandte.

Er spielt also den Harten. Aber das war nicht alles. Marie hatte aus nächste Nähe ein kurzes Blitzen in seinen Augen gesehen, beinahe ein Lächeln um den Mundwinkeln. Für eine Sekunde hatte Bastian sich verraten, hatte seine wahren Gefühle gezeigt. Und davon vor allem: Hoffnung. Er hatte verstanden, was sie meinte: einen Ausweg. Einen Weg dahin, wo es keinen Martin mehr gab.

„So eine Scheiße", murmelte Bastian erneut,

während er sich langsam in Bewegung setzte und, ohne sich noch mal umzudrehen, über den Schulhof Richtung Wiese zurückwanderte. Bestimmt würde er Lara suchen.

Erst, als er die Treppe hinab und hinter dem Betonvorsprung verschwunden war, ging auch Marie los.

Alleine unter Freunden

Auf dem Vorsprung saßen immer noch Tuyet und Mateo, aber Kathrin war wieder hinzugekommen, saß links neben Tuyet und sprach leise mit ihr. Marie näherte sich langsam von hinten, blieb keine zwei Meter schräg hinter Mateo stehen und sah sich die Sache an. So hatte sich Mateo wohl sicher nicht den Abend vorgestellt, dass erst sie ihn von Tuyet abzog und jetzt Kathrin ihre Aufmerksamkeit für sich vereinnahmte. Vorsichtig beugte sie sich vor, um einen Blick von seinem Gesicht zu erhaschen. Er sah verspannt und gelangweilt aus. Ein Gesichtsausdruck, der sich kaum änderte, als er Marie in seinem Blickfeld registrierte und sich zu ihr umdrehte.

„Da bist du ja wieder", sagte er mit einer Stimme, die langsam und undeutlich vom Alkohol geworden war. Dann griff er vor sich in die Tasche und holte eine breite, silberne Thermosflasche hervor und drehte sich wieder zu Marie um. „Willst du noch 'nen Schluck? Letzte Chance, bevor es weg ist."

„Ist das noch das gleiche Zeug von vorhin?", fragte Marie vorsichtig. Sie hatte es vorhin versucht, wirklich nur genippt, und es hatte furchtbar geschmeckt und sich noch furchtbarer angefühlt. Heiß und brennend.

„Absinth mit grünem Tee", nickte Mateo. „Bewusstseinserweiternd!"

Marie machte eine ablehnende Handgeste.

„Wenn ich mein Bewusstsein noch mehr erweitere, bekomme ich Angst, was ich alles drinnen finden könnte. Oder was sich alles von draußen einschleichen könnte, wenn es so offen ist."

„Dein Pech", sagte Mateo.

Er hat tatsächlich vergessen, dass ich eigentlich gar

keinen Alkohol trinken darf, dachte Marie. Oder es war ihm egal. *Oder ich bin ihm so egal, dass er es mir trotzdem anbietet.* Ihr Kopf fühlte sich nüchtern schon an, als drehte er sich. Sie musste an andere, wichtigere Dinge denken. Die weiter weg von ihr waren. Dankenswerterweise sprach Mateo ohnehin weiter: „Wo warst du jetzt eigentlich die ganze Zeit? Pinkeln dauert doch keine Viertelstunde!"

„Ich habe einfach nur eine Pause gebraucht", sagte Marie. Sie hätte sich gerne wieder dazu gesetzt, aber das würde sie nicht tun, noch nicht. Gerade war sie nur am Vorbeigehen.

Und Marie wäre auch schon wieder weg gewesen, wenn sich nicht Kathrin umgedreht hätte. Sie wischte sich die blonden Fransen aus ihrem rot angelaufenen Gesicht und nickte Marie mit einem breiten Grinsen zu.

„Eine kurze Pause, ganz alleine mit Bastian?", fragte sie. „Oder war es nur zufällig, dass du sofort losgerannt bist, als er bei uns vorbeigekommen ist? Und jetzt gerade ist Bastian keine Minute vor dir vom Schulhof runter und direkt an uns vorbeigestapft."

„Wir hatten nur etwas zu besprechen", wich Marie aus.

„Zu besprechen? Sicher habt ihr etwas mit euren Lippen gemacht, ob ihr jetzt geredet habt oder etwas anderes", murmelte Kathrin. Sie klang bitter, fand Marie. *Als würde sie mir für irgendwas die Schuld geben*, dachte sie. *Vorhin war noch alles gut zwischen uns.* „Es wäre zumindest der richtige Zeitpunkt. Er hat Streit mit seiner Lara, wie es aussieht. Und Isabella hat mir vorhin auch erzählt, was los war", führte Kathrin aus. „Bastian hat's versaut. Sagt Isabella zumindest. Die haben sich alle darüber unterhalten, wie sie jetzt nach der Realschule weitermachen. Die machen ja alle drei mit Gymi weiter. Isabella und Bastian gehen auf den Wirtschaftszweig, Lara auf das Technische Gymnasium."

„Und sie ist damit nicht einverstanden?", fragte Marie, für die das alles noch keine Neuigkeiten waren. „Glücklich sind sie alle drei mit dem, was sie haben. Jeder, meine ich", fuhr Kathrin fort. „Aber unglücklich sind sie darüber, wen sie nicht haben. Lara halt, kannst du dir denken, dass sie Bastian am liebsten mit an die neue Schule umgezogen hätte. Und dann hat Bastian so was gesagt wie ‚Mir ist doch egal, wo du auf die Schule gehst'. Als ob es ihm nicht mehr wichtig wäre, ob sie sich jeden Tag sehen oder nicht. War wohl ein ziemlicher Tiefschlag. Und schon fing die Diskussion an. Ob man sich auseinander lebt. Wieso er so was Gemeines sagt. Was sie denken soll darüber.

Blahblahblah. Habt ihr das Theater von hier aus gesehen?"

„Sah furchtbar aus", klinkte sich jetzt Tuyet in das Gespräch ein, „Aber hat denn der Junge es wirklich so gemeint? Ich kenne ihn ja nicht, aber es klingt doch nach einem blöden Missverständnis."

Kathrin nickte. „Das oder Bastians versteckte Art, aggressiv zu sein, ohne es direkt zu zeigen. Dass es mehr nervt. Und dann eben der gleiche Beziehungsstress, den sie immer haben."

„Nur ohne Beziehung, bloß der Stress", brummte Mateo. Marie störte ihn, Kathrin auch. Und so lange sich das Thema um die beiden drehte, nervten ihn auch Bastian und Lara.

Noch keine Beziehung, dachte Marie, sagte aber nichts. Natürlich nicht, sondern machte erst einen langsamen Schritt rückwärts, dann noch einen und beobachtete die Reaktion der anderen. Weder Kathrin noch Tuyet reagierten auf ihren langsamen Rückzug in die Dunkelheit. Vielmehr erschien es ihr, dass sich die beiden sofort wieder einander zuwandten, sobald sie aus ihren Blickfeldern verschwunden war. *So läuft das eben auf Partys*, dachte Marie, *ein ständiges Kommen und Gehen. Niemand achtet auf den anderen. Wenn mir das weh tut dann nur, weil ich mich vielleicht für zu wichtig nehme.*

Als dieser Gedanke fertig gedacht war, strengte sie sich entschieden an, alle weiteren Gedanken zur Seite zu schieben und konzentrierte sich stattdessen auf Wichtigeres: Sie begriff jetzt besser, was Bastian umgetrieben hatte und bereute fast, dass sie ihn so angegangen war. Er hatte es wahrscheinlich wirklich gut gemeint. Immerhin war er es gewesen, der es mit Lara in den Sand gesetzt hatte. Wie nahe ihm das alles ging. Marie beschloss, dass sie recht hatte. Mit dem, was sie dachte und dem, was sie vorhatte.

Sie schritt hinter Tuyet, Kathrin und Mateo vorbei zum überdachten Fahrradunterstand und setzte sich auf einen der Fahrradständer. Das war unbequem hart und rutschig unter ihr und besonders unangenehm kalt. *Von so was bekomme ich nur wieder eine Blasenentzündung,* schoss es Marie durch den Kopf. Ein berechtigter Gedanke, fand sie, wenn auch ein dummer, in ihrer jetzigen Situation. Sie hatte etwas zu erledigen.

Marie setzte sich die Tasche auf die Knie und begann wieder, wie vor einer halben Stunde (*Einer Ewigkeit?*), darin zu wühlen, bis sie ihre beide Handys in Händen hielt. Das normale Neue, dass alle kannten, legte sie zurück in sein Täschchen. Das andere schaltete sie ein und entsperrte es.

Mit dem Daumen steuerte sie durch die Apps,

öffnete den Gruppenchat, wählte die Option, eine Datei zu verschicken, navigierte durch das Fenster, wählte das Video aus und tippte darauf. Senden an: Gruppenchat. Auf dem Bildschirm, unter den letzten Nachrichten dieses Nachmittags, tauchte der Videotitel auf: VID_20200513_2357(1)

Ein leerer Ring erschien unter der Nachricht, der sich drehte und langsam zu füllen begann. *Hoffentlich*, dachte Marie, *geht mir jetzt nicht das Datenvolumen aus.*

Marie wartete und zählte: neunzehn, zwanzig, einundzwanzig, zweiundzwanzig, dreiundzwanzig. Bis der Ring voll war und das Video verschickt. Dann schaltete Marie das Handy aus und steckte es zurück in die Tasche, rutschte den Fahrradständer hinunter, sodass sie auf dem Boden saß und wartete weiter. Der raue Beton unter ihr stach sie durch die Kleidung, war kühl und schien mit jedem Blinzeln kälter zu werden. Genauso wie die Luft um sie herum.

Der Sprengsatz war gelegt und scharf. Hoffentlich würde bald jemand das Video öffnen und ansehen. Und dann dem nächsten zeigen. Und dem nächsten. Und dann, hoffentlich, würde diese Kettenreaktion in Laras Händen enden. Dort musste es zur Detonation kommen. Aber Marie würde nicht in den Chat schauen, das hatte sie sich geschworen. Keine Aufmerksamkeit auf sich ziehen. Und außerdem interessierte es sie jetzt nicht mehr.

Planänderung!, schoss es Marie durch den Kopf. Vorsichtig, dass sie nicht aus Versehen etwas mitlesen würde, navigierte Marie durch die Menüs erst des einen, dann des anderen Handys und entfernte die App von beiden Geräten. Damit war auch jetzt endgültig Schluss!

Minuten verstrichen. Obwohl sie nur einen Steinwurf von der Wiese entfernt war, hörte Marie nichts Auffälliges. Obwohl sie kaum ein paar Meter weit gegangen war und immer noch in Sicht- und Hörweite war, drehte sich keiner von den Dreien auf dem Betonvorsprung zu ihr um. Mateo nicht, Kathrin nicht und noch weniger Tuyet schien es zu kümmern, wohin Marie verschwunden war. Das zu wissen, hinterließ ein unangenehmes Gefühl in ihrer Brust: Ein Stechen, dass sich nach Gleichgültigkeit und nach Vergessenwerden anfühlte. Nach Normalsein. Nach Nichtauffallen. Während Marie in die Richtung der drei blickte, begann auf der Wiese endlich etwas zu passieren. Hier und dort leuchteten immer öfter die blauen Schimmer von Smartphones auf. Zuerst dauerte ihr Leuchten nur ein paar Sekunden. Dann dauerte es länger. Es begann, in der Dunkelheit zu raunen, jemand lachte, dann noch jemand, laut und hässlich. Schadenfrohes Gekicher und Gejohle zerriss die bisher ruhige Feier.

Die Bombe ist gezündet, dachte Marie.

Das ging fünf Minuten so und Marie sah, dass auch bei Kathrin und Mateo die Handys aufleuchteten. Marie hörte, wie sie miteinander flüsterten, verstand aber nicht, was.

Dann übertönte ein Schrei alle anderen Unterhaltungen. Ein lautes, spitzes Kreischen, das von den Wänden des Gymnasiums widerhallte. Das klang vielversprechend. Marie streckte den Hals, um zu sehen, was gerade passierte.

Zwei Schatten tauchten vom Ufer des Baches herkommend auf. Von der Mühle? Ein Schatten vorneweg, der mit den Armen wedelte und etwas schrie, das entfernt nach Worten klang, aber Marie verstand nichts davon. Nur, dass sie zornig waren. In der Hand der Gestalt flog ein blau leuchtendes Rechteck vor und zurück. Ein Handy, auf dem sich undeutlich etwas bewegte. Der Schatten war Lara, die ohne nach links oder rechts zu schauen geradewegs durch die kleinen Grüppchen auf der Wiese hindurch marschierte. Hinter ihr, immer weiter abgeschlagen, folgte Martin. Er versuchte angestrengt, Schritt zu halten, ohne dass es ihm gelang.

Hält er sich da gerade die Hose beim Laufen fest?, dachte Marie. Tatsächlich! Seine Hose war noch offen und er musste sie beim Laufen an beiden Seiten am Bund festhalten, um hinter seiner Freundin hinterherzukommen

Noch-Freundin, dachte Marie. Als sie es zu Bastian gesagt hatte, war es eigentlich ein Schuss ins Blaue gewesen, aber sie hatte genau richtig gelegen:

Lara hatte sich mit Martin in Richtung Bach, zur Mühle, verkrochen, um sich trösten zu lassen. Die Bombe war genau zum richtigen Augenblick eingeschlagen. Sie war explodiert, als Lara am schwächsten war. Sie würde ihre größte Wirkung erzielen.

Sogar in einem solchen Moment hängt sie an ihrem Handy, dachte Marie. *Verdammte Suchtis – oder ist es mit ihm so langweilig?*

Einige Meter weiter war es Martin endlich gelungen, seine Hose zuzumachen und so alle Anwesenden endlich vom Anblick seiner Unterwäsche zu verschonen, der nur noch mehr böses Gelächter hervorgerufen hatte. Kurz vor der Mitte der Wiese, wo ihre Taschen lagen und Isabella, Ben und Bastian besorgt und ratlos zu ihnen aufblickten, holte Martin Lara schließlich ein. Er streckte die Hand aus und berührte sie an der Schulter. Er wollte wohl noch etwas sagen, hatte aber keine Gelegenheit mehr.

Sobald seine Fingerspitzen auch nur über ihre Schulter strichen, fuhr Lara mitten in der Bewegung herum, holte aus und traf Martin mit der flachen Hand im Gesicht. Die Wucht des Schlages war so heftig, dass Martin zurückstolperte Sein Mund blieb einfach offen stehen, während Lara sich wieder umdrehte und weiterging. Und schrie, einen Schrei, der nach Machtlosigkeit und Verzweiflung klang, weniger nach Wut als nach Schmerz. Für Marie fühlte sich der Schrei an wie das blutige Kreischen der Katzen, die sich in Sommernächten unter ihrem Fenster um ihre Reviere schlugen. Er stach genauso durch ihre Trommelfelle. Es war fast unheimlich, wie stark sich beide Laute ähneln konnten und wie gut sie zueinander passten. Lara, die blutig geschlagene Katze, die auf der Suche nach Hilfe leidend davon humpelte,. Nach Freunden. Sie fand sie in Form von Isabella, die aus dem Gras aufgestanden und ihr ein paar Schritte entgegengekommen war, sie in die Arme schloss und sanft hinüber und hinunter auf ihre Picknickdecke zog. Dort wurde sie sofort von Zuneigung überhäuft. Und Trost. Von den anderen Grüppchen kam niemand, aber Marie sah, wie Kathrin vom Betonvorsprung aufstand, und zu ihnen hinüberging. *Sie hilft wie immer, wo sie kann, die gute Kathrin. Lara versteht es wahrscheinlich noch nicht*, überlegte Marie, *aber es geht ihr gut.*

Marie blickte zurück zu Martin, der eine geschlagene Minute mit offenem Mund vor sich hin starrte und sich die Wange rieb. Dann machte er einen Schritt vorwärts, schien diesen Entschluss aber sofort wieder zu bereuen und wippte von Fuß zu Fuß. Niemand kam ihm zu Hilfe. Von niemandem konnte er

Unterstützung oder Trost erwarten. Stattdessen lachte man über ihn. Immer wieder wurde ihm etwas zugerufen, etwas Gemeines, etwas Dummes und immer öfter auch etwas Feindseliges. Er hatte sich selbst als Superschurke in der Runde etabliert. Marie hatte ihn dazu gemacht. Und Laras Ohrfeige und sein dummes Starren machten ihn jetzt zum Gespött.

Marie zog sich am Fahrradständer hinter ihr hoch und ging zurück zum Betonvorsprung zwischen dem Fahrradunterstand und der Wiese.

„Jemand hat ein Video herumgeschickt", begrüßte Tuyet Marie, während diese sich neben sie setzte. „Vom Freund von diesem Mädchen da vorne, das so weint."

„Mhm", ergänzte Mateo brummend. „**Jemand**." Er betonte das Wort so, dass Marie verstand, was er meinte.

„Kathrin hat es auch auf ihr Handy bekommen. Jeder hier hat es anscheinend gesehen, wie ihr Freund jemanden anderes als seine Freundin vernascht. Muss wohl ein aktuelles Video sein, dass bei ihm auf der Arbeit aufgenommen wurde."

„Das Video wurde von einem Nutzer hochgeladen, der seit Ewigkeiten im Chat ist und nie etwas drinnen geschrieben hat", ergänzte Mateo. Gott sei Dank spielte Mateo die Scharade mit!

„Mysteriös", murmelte Tuyet. „Und keiner hat eine Ahnung, wo das Video herkommt. Hast du es nicht bekommen?"
Marie versuchte, so glaubhaft wie möglich mit den Schultern zu zucken.

„Ich habe seit heute Nachmittag nicht mehr auf mein Handy geschaut", antwortete sie und fügte hinzu, als Tuyet sie weiter ungläubig anschaute: „In den Chat, meine ich. Dort war man nicht so nett zu mir, die letzte Zeit. Ich will da so wenig wie möglich lesen."

„Wer es auch immer gewesen ist, die Beziehung von den beiden dürfte der Unbekannte damit ruiniert haben. Man hat jetzt nicht so viel gesehen. Anscheinend hat das Video jemand als Scherz aufgenommen. Aber dieser Martin geht im Video ziemlich mit einer anderen Frau zur Sache", murmelte Tuyet und wandte sich wieder Mateo zu. Damit war wohl alles gesagt. Lara hatte gesehen, was ihr Freund wirklich für ein Typ war. Was für ein treuloses Monster verglichen mit –. *Diese Schlussfolgerung muss ich Bastian und Lara überlassen*, dachte Marie. *Bloß weg*!

Jetzt war der perfekte Zeitpunkt, heimzugehen. Mateo wollte alleine sein. Ihre gemeinsame neue Freundin war nicht wirklich ihre, Maries, Freundin.

Kathrin war nicht da, hatte jemanden zu trösten, der lauter jammerte als Marie. Kathrin war unter Leuten, unter die sich Marie nicht würde mischen können. Und die mit Marie auch nichts zu tun haben wollten. Außerdem war ihre Aufgabe hier endlich erledigt. Nach Wochen des Überlegens und des Zögerns: Endlich war es gemacht. Jetzt hatte sie an diesem Ort und unter all diesen Leuten nichts mehr zu suchen.

Marie sagte nichts mehr, um sich zu verabschieden. Sie machte keine Abschiedsgeste, kein Winken, keinen Versuch, ihre Aufmerksamkeit auf sich zu ziehen. Sie zog nur ihren Rucksack über die Schultern und drehte sich in die entgegengesetzte Richtung: weg von der Wiese und dem Bach, Richtung Schulgelände. Von dort über den Schulhof zurück in die Stadt und dann nachhause.

Links von ihr war es still, rechts von ihr

drangen die Geräusche der Abschlussfeier zu ihr, die sich langsam wieder normalisierte. Leise Musik und Unterhaltungen wurden wieder hörbar: Lachen, leises Reden und das Klirren von Glas. Aber es klang müde: Es wurde spät und die meisten würden sich wahrscheinlich bald auch auf den Weg heim machen, um morgen wieder frisch zu sein für das offizielle Fest der Schule. Und da war noch Laras leises Weinen, dass immer wieder durch die Geräusche drang: Ihr Schluchzen und Lamentieren. Isabella und Kathrin versuchten, sie irgendwie zu beruhigen, aber es gelang ihnen wohl nur mäßig. Marie zwang sich, nicht nachzusehen. Um sich nicht verdächtig zu machen, sagte sie sich, aber tief drinnen sagte ihr etwas anderes, dass sie einfach nur Angst davor hatte, was sie sehen würde. Sie würde es nicht mögen. Weil sie es verursacht hatte?

Trotzdem! Sollte Lara ihre zwanzig Minuten ungeteilte Aufmerksamkeit und Trost doch bekommen. Sie hatte es anscheinend verdient. Sie hatte die Chance, solchen Zuspruch zu bekommen, wieso die Möglichkeit also nicht nutzen? Und wieso nicht auch von Kathrin? Sie, Lara, hatte das ganze letzte Schuljahr schon nichts mehr mit Marie zu tun gehabt.

Schluss jetzt endlich, dachte Marie. *Solange was Gutes dabei rauskommt. Scheiß drauf. Darum habe ich mich gekümmert.*

Sie bog hinter dem Betonvorsprung ab und wanderte über den gepflasterten Hof. Gerade, als sie die Treppe zur Wiese hinter sich gelassen hatte, hörte sie etwas Seltsames hinter sich: Schritte, die so klangen, als hasteten sie hinter ihr her. Sie drehte sich trotzdem nicht um. Es würde schon kein Axtmörder sein, der ihr in die einsame Dunkelheit folgte. Sie ging weiter über den Schulhof, hielt sich dieses Mal aber rechts, um an der Turnhalle vorbei zur nächsten, steileren Treppe zu kommen, die hinauf ins Wohngebiet führte. Unterwegs fühlte sie Nässe auf ihrem Gesicht, unter den Augen und auf den Wangenknochen. Weinte sie, ohne es bemerkt zu haben? Nein, ihre Augenwinkel waren trocken. Musste wohl der Beginn des vorhergesagten Regens sein. Marie hatte alles mögliche dabei, hatte an alles gedacht, inklusive ihres Klappmessers (zur Sicherheit), Gummis (für wen auch immer), Notfallmedikamente und ihre Geheimwaffe, um eine Beziehung zu töten. An einen Regenschirm hatte sie nicht gedacht. Kathrin hatte von sich zu Hause einen Knirps-Schirm mitgenommen. Das brachte ihr jetzt aber auch nichts. Kathrin war weg.

Marie umrundete die Ecke der Turnhalle und ging weiter. Irgendwo vor ihr leuchteten funzelig

Straßenlaternen zwischen Baumkronen hervor und wiesen den Weg zur Stadt. Aber sie waren noch nicht so nah, dass sie Marie in ihrem Licht befand. Zwischen ihr und ihnen lagen ungefähr dreißig Meter kompletter Dunkelheit. Nur vage konnte Marie links das Schulgebäude erkennen. Ein dunkelgrauer, dreistöckiger Betonblock, durchzogen von Reihen schwarzer Rechtecke, den Fenstern und umrandet von Dunkelblau. Und die ganze Zeit über hatte sie die Schritte hinter sich gehört. Es war also niemand gewesen, der nur ein stilles Örtchen gesucht hatte. Es war jemand, der ihr folgte. Das war nicht gut. Was sollte es sein, stehen bleiben, oder rennen? Oder keines von beiden?

Marie blieb stehen und sofort verstummten die Schritte hinter ihr. Zuerst hörte sie nichts anderes mehr als das Rauschen des Windes, der zunehmend wütender in die Zweige der Bäume griff. Dann war da etwas anderes: das Geräusch von jemandem, der zittrig Luft einsog und pfeifend wieder ausatmete. Und dieser Jemand sagte etwas.

„Gehst du jetzt einfach weg? Nach Hause oder was?"

Bastian. Marie drehte sich um und starrte die dunkle Figur vor sich an.

Was rannte ihr der Idiot jetzt hinterher, wenn er bei Lara zu sein hatte?

„Ich gehe einfach heim", murmelte Marie ruhig. „Es fängt bald an zu regnen und ich will vorher daheim sein. Wie gehts denn Lara gerade?", fügte sie noch hinzu.

Zur Antwort kam nur ein zorniges Zischen. Dann stach ihr ein scharfer, weißer Blitz in die Augen und hinterließ ein schmerzhaftes, rotes Glühen um sie herum. Bastian hatte die Taschenlampe an seinem Handy eingeschaltet und der Blitz war direkt auf ihr Gesicht gerichtet gewesen. Jetzt war alles verschwommen. Das Gymnasium, der Schulhof, der dunkle Himmel, Bastian, sogar ihre eigenen Hände waren im Nebel verschwunden. Sekunden vergingen, bis wieder irgendwas vor ihren Augen auftauchte. Drei, vier, Fünf. Nur langsam gelang es ihren Augen, sich auf Bastians Gesicht zu fokussieren. Seine Augen zitterten, ein dünnes, zähnefletschendes Grinsen ohne jede Freude darin zog seine Lippen auseinander. Seine Brauen waren zornig zusammengezogen.

„Das interessiert dich nicht, Marie! Wieso fragst du also?" Er machte einen halben Schritt auf sie zu. „Du bist das gewesen, ja? Erzählst mir noch allen möglichen Müll. Über mich und Lara und Martin. Und dass du eine tolle Idee hast, wie du uns – na ja, für mich halt", stolperte Bastian über die eigenen Worte. Sein Gesicht entgleiste, er blickte ratlos und verwirrt drein, dann verzog sich alles wieder zu einer hasserfüllten Grimasse. „Und keine zehn Minuten später taucht ein scheiß heimlich aufgenommenes Video auf, wie Martin irgendeine Schlampe knallt!"

„Heimlich sieht das für mich nicht aus", entgegnete Marie und zwang sich dazu, ruhig zu bleiben, kühl zu klingen. „Und der Knall-Teil ist ja glücklicherweise rausgeschnitten worden. Das wollte ich keinem antun!"

„Du bist es wirklich gewesen", flüsterte Bastian, als könnte er jetzt erst den Gedanken ganz begreifen. „Du hast es in den Chat gepostet!"

„Ja, Blitzmerker. Ich hab's gemacht und ich verstehe nicht, was du jetzt hier machst!", fauchte Marie. Langsam hatte sie keine Kontrolle mehr über ihre Nerven. Das alte Zittern, wie sie es früher jeden Tag - *jede Minute*- gefühlt hatte, drängte zurück. Der Spinne waren neue Beine gewachsen. Ihre Geduld mit Bastian rann ihr wie Sand durch die Finger. Es war ein einfacher Plan gewesen. Er hätte mit jedem Idioten funktionieren sollen. Nur dieser spezielle Idiot bekam es nicht hin.

„Wie konntest du so was tun?", flüsterte Bastian mit feuchter Stimme.

Das war jetzt genug. Anstatt zu antworten, drehte sich Marie einfach um.

„Wie kannst du mit anderen Menschen so eine Scheiße veranstalten?", fragte Bastian weiter, wütender und lauter.

Probeweise machte Marie einen Schritt nach vorne, weg von Bastian, weg von der Wiese. Sie probierte aus, wie es sich anfühlte. Sie wollte weg, von dem Chaos, das ausgebrochen war, das sie mitverursacht hatte. Weg von Bastian, der sich nicht an den Plan hielt, der ihr so klar vor Augen gestanden hatte: *Lara und Martin mit gutem Grund auseinanderreißen, Bastian bietet sich als Schulter zum Ausweinen an, neue Liebe.* Aber es war ihr langsam egal, ob der Plan auch wirklich gelang oder nicht. Sie hatte ihre Verantwortung abgegeben. Jetzt wollte sie einfach weg. Weg von den Menschen, die ohne sie Spaß hatten. Weg von den Menschen, die Probleme hatten. Weg von allen, die sie störte und die sie störten. Jetzt, da alles erledigt war, wollte sie nur noch Ruhe. Aber sie konnte nicht. Da war doch noch etwas, ein Widerstand in ihrem Inneren. Ein Zögern. Wut.

„Ich habe das für dich getan, du Idiot", knurrte sie in die Dunkelheit hinein.

„Für mich? Was für ein psychopathischer Plan

ist das denn? Du machst eine Beziehung kaputt, stellst Lara vor der ganzen Schule bloß!" Bastian klang mittlerweile nervtötend weinerlich.

„Ich stelle, wenn überhaupt, ihn bloß. Martin, den Betrüger. Das ist doch ein super Sympathiebonus für Lara, oder nicht? Sie wird morgen geliebt werden von allen. Alle werden sich um sie kümmern wollen. Alle werden sie fragen, wie sie sich fühlt und wie man ihr helfen kann. Jeder wird ihr helfen wollen. Und wer dumme Kommentare macht, wird es mit allen zu tun kriegen. Alle würden auf den sauer sein, der sich morgen über sie lustig macht. Zum Schulschluss. Und danach wird sie niemanden hier wiedersehen. Nur dich. Denn du wirst da sein und alle werden euch beide sehen und euch so schön und süß und was weiß ich noch was alles für einen romantischen Scheiß finden!"

„Und was soll ich jetzt machen, Marie? Allen

gehts jetzt scheiße! Und?"

Der Idiot weint wirklich. Will er jetzt getröstet werden oder was? Dafür hatte Marie schon lange keine Geduld mehr. Und keine Zeit, wie sich herausstellte, als ein Regentropfen sie auf die Nase traf. Wasser sammelte sich an ihrer Nasenspitze, rann die Unterseite der Nase entlang und bis an ihre Oberlippe. Die zitterte, oder bildete sie sich das bloß ein? Sie musste jetzt los, wenn sie sich nicht durch einen Regenschauer durchkämpfen wollte.

Aber sie ging nicht. Etwas in ihr drängte darauf, gesagt zu werden. Ein größerer, kälterer Regentropfen traf ihr linkes Ohr.

Marie fuhr herum, machte wieder ihren Schritt zurück auf Bastian zu und schrie: „Für dich, du Idiot! Damit du den scheiß strahlenden Ritter für Lara machen kannst. Damit du sie ganz aus ihrem Unglück retten kannst, sie trösten kannst, jetzt bei ihr bist und den ganzen romantischen Blödsinn. Damit du deine Chance nutzt, die ich dir biete, wenn sie gerade schwach und verletzt ist – schau mich nicht so an", schrie sie weiter, als Bastian sie anstarrte, wie ein Lämmchen mit Schienennagel im Hirn. „Du brauchst mich echt nicht so anzuschauen. Ich sehe doch, was du willst. Jeder sieht, was du willst. Wen du willst. Ob du es dir eingestehst oder nicht. Und sie hat es verdient", fügte Marie leiser, schwer atmend hinzu. Ihr war die Luft und die Kraft zu schreien ausgegangen. Und die Lust dazu. „Sie hat es doch verdient, zu erfahren, dass so was in ihrer Beziehung läuft. Bastian! Ihr habt es beide verdient! Wenn du es jetzt wegschmeißt, weil du dich nicht traust zu glauben, dass du sie liebst und dass du sie zurück haben willst und dass man manchmal eine unbequeme Gelegenheit nutzen muss, um zu kriegen, was man will, dann -"

Aber Bastian unterbrach sie. Nicht mit Wörtern, nicht mit seiner Stimme. Seine Hand unterbrach sie. In ihrem Gesicht. Auf ihrer Wange.

Maries Kopf ruckte unvermittelt zur Seite, als der Schlag sie traf. Ihre Wange entflammte. Sofort begannen sich Tränen in ihren Augenwinkeln zu sammeln. In ihrem linken Mundwinkel sammelte sich Flüssigkeit und tropfte ein bisschen.

Fuck!, dachte Marie. *Dass ich ausgerechnet von Bastian zu sabbern anfangen muss.* Beinahe verspürte sie den Drang zu lachen über die Blödsinnigkeit dieses Gedankens, bis sich der Schmerz wirklich einstellte. Er war nicht so stark. Bastian hatte mit der flachen Hand zugeschlagen. *Und er ist ein Schwächling*! Wenn sie es darauf angesetzt hätte, hätte sie ihn in einer Minute grün und blau geprügelt und weinend auf dem Boden.

Flennen tat er ohnehin schon die ganze Zeit, jetzt, nach dem Schlag. Sogar noch mehr als zuvor. Sein ganzes Gesicht glänzte vor Salzwasser.

„Ich will, dass Lara glücklich ist. Dass es ihr gut geht, egal mit wem. Und egal wie. Und was verstehst du davon, dass ich sie liebe, Marie! Das ist so, da kann man nichts ändern und sie und du auch nicht. Ja, heimlich wünsche ich mir so was vielleicht. Und Marie Gartner aus meiner Scheißklasse hat anscheinend gelernt, Gedanken zu lesen, dass sie das weiß. Oder es ist wirklich so offensichtlich, dass es jeder sieht. Den meisten scheint es egal zu sein und sprechen mich nicht darauf an. Ob sie's komisch finden oder nicht, ist mir egal. Und sie lassen Lara deswegen in Frieden. Ich habe keine Ahnung, wo du deine komischen Ideen herhast oder ob das deine Medikamente sind oder was auch immer. Jetzt geht es

Lara dreckig und mir geht es dreckig und keiner weiß, was tun."

„Hat Lara es nicht verdient zu wissen?", fragte Marie, während sie den langsam abklingenden Schmerz von ihrer Wange zu reiben versuchte. Wie zur Untermalung ihrer Worte begann etwas in ihrem Rücken zu grollen: Donner. Noch nicht über ihnen, aber schon nahe. Klang es so, wenn der Himmel zustimmte?

„Nicht so, vor allen Leuten und nicht von dir, die das gar nichts angeht. Du bist eine Fremde und ich gehe dich nichts an und Lara auch nicht."

Marie sagte nichts mehr. Bastian sagte nichts mehr. Sie starrten einander an und schwiegen. Marie blickte in Bastians Augen, aus denen müder Zorn funkelte. Wut, die keine Kraft mehr hatte, herauszubrechen. Es war ein Gesichtsausdruck der aussah, wie sie sich oft genug gefühlt hatte, die letzten Wochen. Monate… Schuljahre?

Marie war schon fast nicht mehr sauer, dass er sie geschlagen hatte. Ein bisschen wünschte sie sich, sie hätte einfach zurückgeschlagen und etwas brüllte immer noch in ihr, sie sollte es tun und Bastian die Fresse polieren. Das wäre besser gewesen, als sich auf diese ganze Unterhaltung einzulassen. *Mit einem Idioten, den man nicht einmal zu seinem Glück zwingen kann.* Aber sauer war sie nicht. Sie hatte sich in Streits schon schlimmer verhalten.

Bastian drehte sich ein Stück um.

42°, dachte Marie, *die verdammte Matheprüfung steckt mir im Kopf und versaut mir das Denken.*

Aber er ging nicht, sondern blieb schräg im Zweilicht stehen, die Lampe des Handys kraftlos und ohne Motivation auf den Boden gerichtet.

Er will nicht zurück, dachte Marie, *weil er verdammt Angst davor hat. Und er will nicht bei mir bleiben, weil er mich jetzt hasst. Kann mir nicht einmal in die Augen sehen. Er wartet darauf, dass ich was mache. Dass ich ihn anschreie. Mich entschuldige oder sonst was.*

Sie tat nichts davon und hätte auch keine Gelegenheit mehr dazu gehabt.

Dieses Mal sah Marie den Blitz, der für eine halbe Sekunde den schwarzen Himmel zu einem dunklen Graublau erhellte. Zwei spürbare Herzschläge direkt unterhalb ihres Schlüsselbeines später hörte sie das Donnern laut und zornig über sie hinweg rollen. Hinter dem Donnern kam ein weiteres Geräusch auf sie zu. Es klang wie ein ganzer Haufen zusammengeknüllter Plastiktüten, die jemand auseinanderriss und durch die Gegend trat. Das Plastiktütenrauschen kam wieder von hinter Marie, wurde von halber Sekunde zu halber Sekunde lauter, wütender, bis es über ihr und Bastian hereinbrach. Über das Gymnasium, über den Schulhof, den Bach, die Wiese, die Mühle und alle, die im Weg waren. Eine Unzahl eiskalter Regentropfen, groß wie Kirschkerne, fegte ihr ins Gesicht und durchnässte ihre Haare. Sofort begann das Wasser, Marie in den Kragen zu tropfen und ihre Hose an die Beine zu kleben. Dann füllte das Wasser ihre Ohren und unterdrückte das Rauschen des Regens.

Während Marie in die Richtung rannte, aus der sie gekommen war, an Bastian vorbei und durch den Regen Richtung Fahrradunterstand, sogen sich ihre Schuhe und Socken mit Wasser voll. Nicht ein Quadratzentimeter Kleidung an ihrem Leib war mehr trocken, als sie unter dem Wellblechdach ankam.

Samstag früh auf dem Hof der falschen Schule

Der Wolkenbruch dauerte gut eine halbe Stunde. Er weichte die Wiese zu Schlamm auf und ließ das Wasser zentimeterhoch auf dem Asphalt stehen. Der Wind peitschte zuerst nur den Regen, dann Blätter und schließlich kleine, dünne Zweige voran. Donner rollte über die Stadt hinweg, Blitze tauchten die Stadt für Sekundenbruchteile in Tageslicht. Aber shließlich ließ der Sturm nach, der Wind ebbte ab, das Gewitter zog weiter, der Regen ging in ein sanftes Nieseln über, das wie nasses Nähgarn in der Luft hing.

Es war nicht mehr heiß. Aber direkt kalt war es auch nicht, dafür hatte die Sonne den ganzen Tag über den Beton zu sehr aufgeheizt. Stattdessen breitete sich lauwarme Schwüle aus, die sich auf die Haut legte und den Gliedern langsam die Wärme entzog.

Als Marie aufwachte, fühlte sie das las erstes. Ihre Haut war ausgekühlt, aber um sie herum herrschte stickige Wärme. Dann, noch mit geschlossenen Augen, registrierte sie, dass ihre Schuhe, Socken und Füße immer noch klatschnass. Und ihr Nacken steif. Er tat weh. Ihre Kleidung klebte ihr immer noch überall hauteng am Körper.

Marie öffnete die Augen. Dunkel war es immer noch, aber wie spät? Sie kramte ihr Handy hervor: 4:04 Uhr und zwei entgangene Anrufe. Oma, die es versucht hatte, obwohl Marie ihr schon bei Kathrin geschrieben hatte, dass es spät werden würde. Und während um den Fahrradunterstand der Sturm getobt hatte, hatte sie noch geschrieben, dass sie heute Nacht vielleicht sogar wegbleiben würde. Natürlich hatte sie nicht geschrieben, wo. Marie schloss die Augen wieder.

Beim Fahrradunterstand des Barnhelm-

Gymnasiums, Freiweiler. Zusammengedrängt mit rund fünfundzwanzig weiteren Jugendlichen, die dort Schutz gesucht hatten vor dem Unwetter. Einige hatten sich getraut, mit Regenschirmen bewaffnet den Weg heim durch den regen anzutreten. Viele waren geblieben. Die, die ohnehin die Nacht hatten durchmachen wollen. Aus Jacken, Picknickdecken, Pullovern, Schultern und betrunkener Unbekümmertheit ließen sich passable Betten bauen, die mitgebrachten Taschen reichten als Kopfkissen aus.

Es roch nach zwei Dutzend abgefeierter Gerade-Noch-Zehntklässler: Alkoholdunst, Schweiß und nassen Klamotten.

Marie hatte sich in eine Ecke zwischen zwei Fahrradständer gesetzt, ihre Tasche auf das Gestänge eines der Ständer und darauf ihren Kopf gelegt. Mit niemandem hatte sie mehr gesprochen und niemand hatte mehr mit ihr sprechen wollen. Nicht in dem Chaos, als es sich alle unter dem Dach gemütlich gemacht hatten, als noch gelacht und gesprochen wurde. Und auch danach nicht, als es stiller geworden war. Die Stimmung war nicht bedrückt gewesen. Aber der plötzliche Regen hatte die ausgelassene Partystimmung schlagartig davon gewaschen. Die Feierlaune war der Erschöpfung gewichen. Irgendwo hatte noch jemand Musik eingeschaltet: Irgendwas Ruhiges mit nur ein bisschen Bass. Im Hintergrund hatte der Nieselregen leise weitergeflüstert und zusammen hatten sie das perfekte Rauschen gebildet, um die Jugendlichen einer nach dem anderen einzuschläfern. Nach und nach waren allen die Augen zugefallen. Davon ging Marie jedenfalls aus. Sie war ohnehin erschöpft gewesen, ausgelaugt und verwirrt. Sie war wohl die erste gewesen, die weggepennt war.

Von Bastian hatte sie nichts gesehen, sie hatte aber auch nicht mehr auf ihn geachtet. Beim Schlafen gestört hatte er sie jedenfalls nicht.

Marie öffnete wieder die Augen, blinzelte und sah sich um. Dem Mond war es mittlerweile wieder gelungen, sich durch die zerfetzten Wolken am Himmel hindurch zu kämpfen. Er tauchte alles in einen Nebel aus Licht und erhellte sanft die Gesichter um sie herum in dünnem Aschgrau Tom konnte sie in einer Ecke direkt an der Wand erkennen, neben ihm zwei weitere Jungs aus zwei verschiedenen Parallelklassen, deren Köpfe jeweils auf einer seiner Schultern lagen.

Marie gegenüber, ganz ähnlich wie sie selbst über einen Fahrradständer gekauert, saß ein weiterer Junge. War das Julian, der Hübsche aus der 10C? Marie glaubte schon.

Für eine Handvoll Sekunden sah Marie sich selbst, wie sie aufstand, ihre Tasche nahm, zu Julian hinüberschwankte und sich neben ihn setzte. Die Tasche klemmte sie hinter ihren Rücken, das Gesicht bettete sie an Julians Brust. Nicht zu tief, dass ihr Kopf abrutschen konnte und sie in seinem Schoß einschlief. Einfach auf der linken Seite seiner Brust, direkt unterhalb der Schulter, auf dem Her, einen Arm auf ihren Bauch gepresst, den anderen Arm hinter Julians Rücken auf den Fahrradständer gelegt.

Einfach so, als wäre nichts dabei, dachte Marie. *Einfach so tun, als hätte niemand irgendwas gemacht. Ich auch nicht. Als wäre es selbstverständlich. Julian würde es schon nicht stören.*

Das wäre vielleicht wirklich so gewesen. Die Chancen standen gut, dass Julian bei Maries Versuch, sich an ihn zu kuscheln, aufwachen würde –

normalerweise trank er nichts oder zumindest nicht viel. Sein Schlaf wäre nicht so komatös wie der der anderen. Ganz sicher wäre ihm eine solche Aktion komisch vorgekommen. Vielleicht hätte es ihn gestört. Besonders bei Marie. Aber Julian war nicht nur hübsch, sondern auch ein zuvorkommender, freundlicher Mensch, der es den Leuten um ihn herum zu oft versuchte, recht zu machen. Wahrscheinlich hätte er sich gar nicht getraut, etwas dagegen zu sagen. Besonders bei ihr...

Marie seufzte leise und ließ es bleiben. Heute Nacht hatte sie sich keinen Trost verdient. Und Julian, in seiner ruhigen, freundlichen, Marie-freien Welt aufzuschrecken, darauf hatte sie noch weniger ein Recht.

Für Jungs habe ich heute kein Händchen. Nach Bastian, dachte Marie, während sie verkrampft zu gähnen und sich gleichzeitig zu strecken versuchte. Alles an ihr knackte und zog. Während die kühle Luft in ihre Lungen einströmte, spürte sie richtig, wie sie wacher wurde, bis sie plötzlich mitten in der Bewegung innehielt. Wo war er denn jetzt eigentlich? Oder irgendjemand aus der Gang? Hatten die sich alle heim verkrochen, nachdem sie eingeschlafen war?

Marie blickte links von sich die Reihen der Fahrradständer entlang, erkannte einige, aber niemanden Interessantes. Dann zog sie sich ein wenig nach vorne und drehte sich um. Irgendwo am anderen Ende des Fahrradunterstandes war blaues Leuchten zu sehen: Offenbar war jemand noch oder wieder wach.

Zwischen sich und dem Licht fand Marie, wen sie suchte. Lara saß in der Mitte. Es sah aus, als hätte sie die Knie zum Körper hingezogen und ihren Kopf auf ihnen gebettet. Aber so genau war das nicht zu sehen. Sie war mit mehreren Jacken ausstaffiert, eine als Decke auf ihrem Oberkörper, eine, auf der sie saß und noch mal eine, die ihr auf den angewinkelten Knien lagen.

Isabella saß halb neben ihr, halb lag sie auf ihrer Schulter, die Arme um Laras Oberkörper gelegt. Dem armen Ben direkt neben ihr war gar nichts anderes übrig geblieben, als Isabellas Bauch mit einem Arm zu fassen und seine Wange auf den ihm zugekehrten Rücken zu legen. Lara hatte alle Sympathie an sich gezogen und da blieb für Ben einfach nichts mehr übrig.

Ganz wie geplant, dachte Marie, *und trotzdem überhaupt nicht so, wie es hätte laufen sollen.* Auf der anderen Seite, neben Lara, saß Bastian, anscheinend so nah wie möglich, ohne mit Lara in Berührung zu kommen. Zwischen den beiden war eine Tasche geklemmt, eine

Barriere, die sie sicher voneinander trennte.

Er hielt die Arme vor der Brust verschränkt, die Knie hatte er an den Körper gezogen. Und er schlief nicht. Sein Kopf bewegte sich langsam von links nach rechts, weg von Lara, als suchte er etwas in der nebelverhangenen Dunkelheit über der Wiese und jenseits des Baches.

Da draußen wird er keine Antworten auf seine Fragen finden, dachte Marie. *Die Antwort sitzt direkt neben dir, du Idiot!* Aber es sah nicht so aus, als hätte er sich getraut, die Chance zu ergreifen, die Marie ihm eröffnet hatte. *Nicht, wenn sich Isabella und Lara zum Kuscheln hinreißen lassen, während Bastian Barrikaden zwischen sich und dieser neuen alten Welt baut.*

Für einen kurzen Augenblick trafen sich Bastians und Maries Blicke. Seine Augen waren schwarze Kugeln in schwarzen Höhlen. Sie sah wahrscheinlich auch nicht weniger seltsam aus in der Dunkelheit. Bastian und Marie bleiben kurz aneinander hängen. Nichts in Bastian zuckte, nichts bewegte sich. Nicht die geringste Regung. Dann drehte er sich weiter und starrte in die Dunkelheit. Er hielt sich fest an einem Punkt, irgendwo zwischen Marie und Lara. Marie schaute sich noch ein wenig um. Tuyet hatte sie zuerst nicht entdeckt, fand sie jetzt, da sich ihre Augen komplett an die Dunkelheit gewöhnt hatten, aber doch. Sie saß auf der anderen Seite desselben Fahrradständers, an dem auch Isabella saß. Ihr Kopf lag auf einem dunkelblonden Pferdeschwanz. Das musste Kathrin sein. Sie saßen alle beieinander und schliefen friedlich. Mateo war nirgends zu finden. Sicher hatte er sich irgendwo ein Plätzchen gesucht, wo er möglichst weit weg von jeder Gesellschaft war. Es sah nicht so aus, als hätte auch nur einer von ihnen daran gedacht, zu ihr, Marie, zu kommen. Marie zuckte mit den Schultern und drehte sich wieder um, blickte unschlüssig auf ihre Knie, dann auf ihre Füße, dann auf ihre Hände und wusste nicht, was sie tun oder denken sollte.

Gegen halb fünf Uhr begann es zu dämmern. Rotgoldene Bänder legten sich auf die Hügelkuppen am Horizont und wurden langsam breiter. Die Vögel begannen wieder zu singen.

Diese idyllische Ruhe wurde plötzlich von einem Schrei zerrissen. Ein Mädchenschrei, ein wütendes, langgezogenes „Scheiße!", während dessen sich die Stimme überschlug und in der zweiten Silbe in ein Quieken stolperte, das langsam in einem leisen Wimmern verschwand.

Die meisten Jugendlichen wachten von diesem Schrei auf, aber keiner von ihnen konnte sagen, von wo der Schrei gekommen war und wer genau es gewesen war, der geschrien hatte. Aber manche, die in der Mitte des Fahrradunterstandes geschlafen hatten, hatten den Eindruck gehabt, jemand hätte auf den Schrei geantwortet. Eine Jungenstimme, irgendwo ganz in der Nähe, die dasselbe Wort leise wiederholte. Zweimal hintereinander, traurig und ängstlich. Aber auch darüber war sich im Nachhinein niemand mehr sicher.

Heute am späten Nachmittag, auf dem Hof der richtigen Schule

Auf dem Hügel oberhalb des Stadtzentrums von Freiweiler, auf der anderen Seite der Gleise inmitten eines Wohngebietes, liegt die Wedekind-Realschule. Von der Straße aus erstreckt sich ein langes, zweistöckiges Gebäude den sanften Hang hinauf. Die lange Seite des Schulgebäudes entlang den Hügel hoch liegt der Schulhof. Er ist mit schmutzig grauen Steinen gepflastert, die an einigen Stellen schon brüchig geworden sind. Gras und Löwenzahn sprießt aus den Rissen hervor. Ansonsten ist alles farb- und leblos hier. Auf dem Hof stehen Bänke unregelmäßig verteilt. Manche Bänke sind direkt an der Wand des Hauptgebäudes angebracht, sind in Halbkreisen um Bäume herum aufgestellt. Rosskastanien, dreiunddreißig oder vierunddreißig Jahre alt. Marie erinnert sich, wie letztes Jahr der krankste der Bäume vom Hausmeister gefällt wurde. In der nächsten Geschichtsstunde sind sie alle rausgegangen und zählten die Jahresringe auf dem Baumstumpf. Es waren dreiunddreißig oder vierunddreißig. So genau erinnert sich Marie nicht mehr. *Vierunddreißig?*, fragt sich Marie, *so alt wie Mama jetzt?* Der Hausmeister hat damals die Bank entfernt, um den Baum umsägen zu können und hat sie an der Vorderseite nie mehr wieder aufgestellt.

Marie sitzt auf genau dem Baumstumpf. Sie könnte einfach aufstehen, sich umdrehen und nachzählen. Aber dafür ist sie dann doch zu faul. Sie kann andere Sachen machen. Zum Beispiel in der Nachmittagssonne sitze, die immer oranger wird, und den Hügel hinab gucken, über die Wohnhäuser hinweg in die Altstadt. Über den Stadtwall und den Bach, das

Industriegebiet und in die Berge. Es liegen nur noch wenige Überreste von der kleinen Feier herum, die die Zehntklässler heute früh auf dem Schulhof veranstaltet haben. Ohnehin war kaum jemand gekommen. Es wurde ein bisschen gejubelt, laute Musik gespielt und sich gegenseitig mit Wasserflaschen über den Schulhof gejagt. Dazu wurde laut Musik gespielt und nach der ersten Stunde wurden die Zehntklässler vom herbeigerufenen Direktor freundlich gebeten, sich endlich bis heute Abend zu verpfeifen.

Hinter ihr dringt Musik aus der Sporthalle, die oberhalb der Schule den Hof abschließt. Immer wieder öffnen sich ihre Flügeltüren und die Musik wird für zweieinhalb Sekunden laut, bevor die Türen wieder knallend ins Schloss fallen. Es klingt so, als sei die Abschlussfeier noch in Gange, aber der Eindruck täuscht, das hat Marie gesehen. Die Zeugnisse sind vor eineinhalb Stunden mit einer Menge Applaus und ein paar Tränen verteilt worden. Das Buffet ist vor einer Dreiviertelstunde geplündert worden. Seitdem läuft laute Musik, während immer mehr Leute verschwinden.

Wer auch immer der DJ ist, denkt Marie, *er will sich von der Feier nicht losreißen, von der Schule, von der Abschlussfeier, von den vergangenen Jahren?*
Die Türen öffnen und schließen sich, die Familien gehen alle nach und nach heim. Alle verabschieden sich voneinander. *Alle schwören sich, dass sie in Kontakt bleiben werden, dass sie sich nie aus den Augen verlieren werden. Alle lügen sich gegenseitig an und merken es nicht einmal.*

Neben Marie raschelt etwas, dann drückt sich etwas Weiches gegen ihre Hüfte. Parfum steigt ihr den Nasenrücken hoch und füllt ihr die Nebenhöhlen. Es ist ein dunkler, schwerer Duft, der süß und nach Erde riecht. Und vielleicht ein bisschen nach Rost. Nach Eisen. Wie ein frische Wunde.

Auf ihr rechtes Knie legt sich leichter Stoff mit breiten schwarzen und schmalen lila Streifen. Das sieht verdächtig nach dem Kleid von Lara aus. Marie hat es heute immer mal wieder im Vorbeigehen gesehen. Es sieht gut aus, überraschend gut. *Könnte mir auch* stehen. Wenn es wirklich dasselbe Kleid ist, dann steckt Lara wahrscheinlich auch drinnen, was bedeutet, dass Lara tatsächlich neben ihr sitzt? Der Duft würde passen. Vorsichtig schielt Marie zur Seite und stellt fest, dass Lara genauso verstohlen und vorsichtig zu ihr hinüberschielt Ihre Augen sehen rot und entzündet aus. *Den halben Nachmittag über hat sie geflennt. Und die andere Hälfte über hat sie regungslos vor sich hin gestarrt in die Leere zwischen den Molekülen, die unsere Welt ausmachen*, denkt Marie. *Sie sieht wirklich mitgenommen aus. Versuche, nett zu sein,* ermahnt sie sich, *lass dir bloß nichts anmerken!*

„Hallo Lara. Wie geht's dir denn, du hast heute so extrem viel geheult. Willst du, dass ich dabei bin oder so?" *Kein guter Anfang, Dummkopf!* Aber zumindest etwas!

Lara antwortet zuerst nur mit einem schmerzvollen Grinsen, durch das sie Luft ausstößt. Dann sagt sie doch etwas: „Nein! Ich habe die Schnauze voll von der Heulerei. Was gestern war – du hast ja wahrscheinlich auch alles mitbekommen – das ist eben jetzt so und ich bereue nicht, dass ich das Arschloch gleich abgeschossen habe."

„Und du bist jetzt zu mir gekommen, um mir davon zu erzählen?", fragt Marie weiter, beißt sich aber sofort auf die Innenseite ihrer Wangen, als die Worte draußen sind. Das ist genau der Ton, den sie vermeiden will.

„Nein, Marie! Entschuldige, dass ich dich störe", sagt Lara und tut etwas, das Marie nicht für möglich gehalten hätte: Sie legt ihre Hand auf Maries. Lara schaut sie jetzt geradewegs an. Dann spricht sie weiter: „Ich wollte nur alleine sein, heute. Aber das ging nicht, mit der Abschlussfeier und allem. Und dann alle um mich herum, die mit mir über gestern reden wollten. Nicht nur aus unserer Klasse, sogar aus der Paraklasse. Von den Neunern, die bei der Feier helfen. Ich glaube, sogar die Eltern von manchen gucken mich komisch an. Ich habe gesagt, dass ich aufs Klo muss und bin einfach rausgegangen. Ich wollte alleine sein und niemand hat mich gelassen und dann fühlt man sich bloß einsam, nicht alleine! Und dann habe ich dich hier sitzen sehen, gerade, als ich raus bin."

„Und du dachtest, ich sehe aus, als ob ich alleine sein will und kommst zu mir, damit ich es auch nicht haben kann?", fragt Marie. Wieder ein Biss in ihre Wangen. *Nett sein ist verdammt schwer und es sieht ganz so aus, als wäre ich zu blöd dafür.* Noch schmeckt sie kein Blut, aber wenn das Gespräch so weiter geht, wird es nicht mehr lange dauern, bis sie ein Loch in ihrer Wange hat.

„Ich wusste nicht, ob du alleine sein willst oder es einfach bist."

„Wahrscheinlich beides", erwidert Marie.

„Willst du darüber quatschen?", fragt Lara und sieht Marie so an, als meine sie es auch ernst.

Sie will sich wirklich mit mir unterhalten, denkt Marie, *Lara, die dunkle Gothic-Prinzessin, mit mir? Oder sie braucht nur jemanden, den sie mit ihrem Gelaber vollpumpen kann und geht die Sache nur unauffällig an. Wo ist Kathrin, wenn man sie mal wirklich braucht? Oder Isabella zumindest?*

„Worüber können wir reden?", fragt Marie.

„Ich weiß nicht", murmelt Lara, „Ich habe Mateo heute zum Beispiel gar nicht gesehen."

Marie schüttelt den Kopf. „Er ist ja nie bei solchen Veranstaltungen dabei. Zu viel Trubel, zu viele Leute. Das ist nichts für ihn. Und ich kann ihn auch nicht überzeugen, sich zu so was mitschleppen zu lassen. Und dann sitzt man da. Das ist nicht so wie bei dir und Bastian."

Toll, Marie, wirklich toll! Sprich genau das Thema an, über das du am wenigsten sprechen möchtest, du Vollidiotin!

Lara seufzt, zieht ihre Hand zurück und schaut über die Dächer unter ihnen.

„Du hast dir hier echt einen coolen Platz gefunden, heute Abend. Ich habe den Schulhof noch nie so friedlich und hübsch gefunden. Dass ich das ausgerechnet heute so sehe." Dann seufzt sie noch mal und fängt an über das zu sprechen, was ihr wirklich durch den Kopf geht (*Als hätte sie sich Mut anlabern müssen*, denkt Marie): „Bastian ist komisch in letzter Zeit. Ich denke, dass es nicht mehr halten wird, zumindest nicht mehr lange. Wenn wir an unterschiedlichen Schulen sind, wird der Kontakt sowieso weniger werden. Und wenn jetzt alles durcheinander kommt, wird es nicht einfacher. Ich musste mit *Martin* Schluss machen, dem Arschloch", sie spuckt seinen Namen richtig aus. „Ich hab mich gefragt, wie es weitergehen muss. Bald wird dann der Kontakt einfach immer weniger und weniger werden und dann ist gar nichts mehr."

„Und jetzt, wo du Single bist, geht es schneller?", fragt Marie. Was für einen komischen Gedankengang Lara da folgt.

„In dieser Scheißsituation habe ich mit mir selber zu tun. Und will alleine sein, erst mal. Ich brauche aber Bastian. Ich brauche, dass er bei mir ist, wenn ich mich wieder besser fühle. Aber ich habe Angst, dass er in der Zwischenzeit merkt, dass er mich nicht mehr braucht. Unsere Freundschaft. Ich glaube, das ist nicht wie bei euch, oder? Mateo und du, meine ich."

Daher weht der Hase, denkt Marie. *Oder sagt man das nicht anders? Egal!* Das zu besprechen hat sie echt keine Lust. *Glaubt Lara wirklich, dass es bei mir und Mateo jemals so ein Mist war, wie die halbherzige Dauerromanze zwischen ihr und Bastian?* Nicht zum ersten Mal heute bereut Marie, sich in die Angelegenheiten von Lara und Bastian eingemischt zu haben. *Die beiden sind einfach zu beschränkt für so was. Wir waren immer Freunde. Gute Freunde. Bessere Freunde. Wir haben nie den Fehler gemacht, das ändern zu wollen - aber das Ergebnis sieht gerade irgendwie gleich aus.*

Und Laras Augenwinkel füllen sich schon wieder mit Wasser. *Bleib nett, Marie, du hast dir den Mist selber eingehandelt.*

„Was nicht ging, geht doch jetzt wieder", sagt Marie halblaut und halbherzig.

Lara blickt sie aus verständnislosen, feuchten Augen an.

„Jetzt, wo du Sigle bist. Und er doch sowieso", fügt Marie hinzu.

Innerhalb von Sekunden geht eine totale Veränderung in Laras Gesicht vor sich. Zuerst weiten sich ihre Augen, die angesammelten Tränen rollen die Seiten ihres Gesichtes hinab. Sie starrt Marie für eine halbe Sekunde an, bevor sie einfach zu lachen beginnt.

So ziemlich das komplette Gegenteil von Tuyets Lachen gestern mit Khaleb, denkt Marie.

„Das ist eine tolle Idee, Marie. Ganz ehrlich.

Aber sie ist Blödsinn. Dass wir zusammen waren, ist zwei Jahre her. Wir waren Kinder, nicht wie heute. Ganz ehrlich, hätte Bastian irgendwas gestern versucht, ich wäre wahrscheinlich darauf eingegangen. Gott, keine Ahnung was ich gemacht hätte. Ich bin fast froh, dass er gestern so kalt zu mir gewesen ist. Als es geregnet hat, meine ich. Ich glaube, du hast da schon geschlafen? Er hat mich nicht einmal angucken können. Das hat echt wehgetan. Aber gut so, sonst wäre ich noch auf eine blöde Idee gekommen. Nein, das würde nur Probleme machen. Ich will Bastian als Freund und nicht als Freund, halt, du weißt schon", sie stolpert kurz über ihre eigenen Worte. „Und er will es auch nicht. Bestimmt nicht. Wir sind wie Geschwister geworden und ich will das nicht kaputt machen. Überleg dir mal, wie egoistisch das von mir wäre. Dann geht es nur noch schneller den Bach runter. Da kann ich drauf waren!" Zum Schluss ihres Redeschwalls nickt Lara noch ein paar Mal. Wahrscheinlich will sie sich selbst zustimmen, sich Mut zusprechen, dass sie das Richtige tut. „Danke, Marie", sagt Lara dann. „Wir haben uns ewig schon nicht mehr unterhalten. Bestimmt nur zwei oder drei Sätze seit den Fastnachtsferien oder so." Dann steht sie auf, streckt sich lang und hörbar und wischt sich die Feuchtigkeit aus den Augen.

„Wir haben nie groß miteinander zu tun gehabt", entgegnet Marie und bleibt dabei sitzen.

„Das stimmt, aber trotzdem. Ich fand es im Nachhinein schade, aber dann kam der ganze Stress mit den Prüfungsvorbereitungen und du warst weg für lange. Wir hatten nie eine Gelegenheit, einfach zu reden. Über irgendwas. Obwohl es schon interessant hätte sein können. Du hast deine eigenen Perspektiven auf so ziemlich alles."

„Es ist ja nicht so, dass ich mich total versteckt hätte, als ich wieder da war. Oder bevor ich weg war. Ninja Style!", sagt Marie ironisch.

„Stimmt schon", gibt Lara zu, „aber manchmal hat man einfach keine Ahnung, wie man es anfangen soll, jemanden anzusprechen, wenn man sich Sorgen macht. Ich weiß, dass die anderen ziemlich gemein zu dir waren und alles."

Marie nickt nur und schweigt.

„Ich habe nicht mitgemacht. Aber ich hatte nie eine Ahnung, wie ich dir helfen soll. Ich bin froh, dass es dir jetzt besser geht. So sieht es zumindest aus."

Marie nickt wieder und sagt weiter nichts. Sie lässt Lara einfach reden. Das muss die ganze komische Abschiedsatmosphäre um sie herum sein, die auf die Stimmung schlägt. Dass ausgerechnet Lara, die irgendwie selbstgewählte Außenseiterin, obwohl es lange nicht mehr so sein müsste, die aus dem Anderssein eine Kunstform gemacht hat mit ihr, die von allen anderen heraus gedrängt wurde, so spricht.

Oder ist es gerade andersherum?, denkt Marie. *Oder sind wir uns am Ende ähnlich? Bullshit!*

„Manchmal will man helfen und macht alles nur noch schlimmer", murmelt Marie schließlich. „Und weder vorher noch danach weiß man, was besser gewesen wäre. Es versauen oder nichts tun."

„Genau das", antwortet Lara in demselben Tonfall und genauso leise. Für einen Moment blicken die beiden in die gleiche Richtung den Hof hinunter. Die orange-goldene Sonne flimmert zwischen Wolkenstreifen über bewaldeten Hügeln hindurch. Mit jeder Minute, die verstrichen ist, hat sich mehr und mehr Rot in ihr Leuchten gemischt. Es ist heiß, aber glücklicherweise nicht mehr so drückend wie gestern. Trotzig beginnt irgendwo in ihrer Nähe eine Grille gegen den Lärm aus der Sporthalle zu zirpen. Wo? Auf dem ganzen verdammten Schulhof gibt es keinen Busch oder irgendwas, wo sie leben könnte.

„Damit ist jetzt Schluss!", sagt Lara endlich. „Mit alten Beziehungen ist Schluss, ob man will oder nicht. Mit alten Problemen!"

„Mit altem Glück?", fragt Marie. *Wie übertrieben gefühlsmäßig*, denkt sie dabei.

„Mit allem ist Schluss jetzt!", sagt Lara jetzt lauter. „Schluss jetzt!"

„Schluss jetzt!", wiederholt Marie und äfft genauso wie Lara ihren Deutschlehrer nach. Ex-Deutschlehrer. Herr Schrenz, bei dem sich immer die Stimme überschlägt, wenn er diese Worte in die unruhige Klasse schreit. Jedes einzelne Mal. Jeder, der ihn länger als ein halbes Jahr als Lehrer hatte, kann seinen Ruf imitieren. Sein Standardmahnruf und das zugehörige Kieksen sind legendär geworden auf der Schule. Er wird es bleiben, wenn sie ab morgen weg sein werden.

Ab heute Abend.

Lara dreht sich um.

Ab jetzt.

Jetzt kannst du noch was sagen, denkt Marie, *oder für immer schweigen. Wie im Film.* Sie ringt sich tatsächlich durch. „Ich bin froh, dass du alles ganz gut wegsteckst."

„Und ich bin froh, dass du es doch noch gepackt hast. Also ... du weißt schon", erwidert Lara.

Auf den allerletzten Metern schließlich doch noch ein bisschen Freundschaft mit ausgerechnet fucking Lara geschlossen!

Lara macht schon wieder einen Schritt hinauf

Richtung Sporthalle, bleibt dann aber stehen. Sie seufzt und atmet hörbar durch. *Was jetzt noch? Will sie weiter über ihren verdammten Exfreund mit mir sprechen, der nichts fertigbringt? Über **Ihre** Probleme?*

„Marie! Es tut mir leid, dass ich dir nicht helfen konnte. Ich habe oft gedacht, man könnte doch für dich da sein. Aber – ich hatte eben keine Ahnung."

„Es ist nicht dein Job, für mich da zu sein. Und es ist nicht mein Job, mich um dich zu kümmern oder um Bastian oder sonst wen. Aber danke, schätze ich. Ich bin ja durchgekommen. Und gleichfalls, wahrscheinlich. Ich würde gerne was tun, was dir weiterhilft. Aber du weißt ja, wie das ist. Wenn man keine Ahnung hat!"

Lara nickt, Marie antwortet mit der gleichen Geste. Dann dreht sich Lara endgültig um und wandert zurück den Hang hinauf zur Sporthalle.

Ich hätte ihr meine Handynummer anbieten können, denkt Marie. *Hätte sie sie angenommen oder hätte sie genauso reagiert, wie ich ihn ihrer Situation und einfach blöd geguckt und dumme Kommentare gemacht? Ich würde ihre wahrscheinlich annehmen.*

Sie dreht sich nicht um.

Oder hätte ich mehr erzählen sollen? Dass ich mir Hilfe gewünscht habe, als niemand da war? Sogar von ihr? Ehrlich sein?

Sie dreht sich immer noch nicht um.

Ich hätte ihr danach auch die Wahrheit sagen müssen. Dass ich ihre letzte Beziehung auf dem Gewissen habe. Alles in der Hoffnung, ihr zu helfen. Ich könnte niemals ehrlich zu ihr sein – zumindest solange Bastian mich nicht verpfeift.

Marie dreht sich nicht um.

Oder es ist mir egal. Ich habe es versucht. Wenn sie nichts daraus machen, was ich ihnen anbiete, ist das ihre Sache.

Marie beschließt, dass sie genug vom Nachdenken hat. Über alles, was vergangen ist. Alles bis heute Morgen fünf Uhr. Ab jetzt gilt: Weitermachen mit neu anfangen. Was hinter ihr liegt, kann archiviert werden. Muss weggeräumt werden.

Marie dreht sich um.

Niemand da. Sogar die Musik aus der Turnhalle ist abgestellt worden. Es ist ruhig. Regungslose Stille im heißen, orangen Strahlen der Sommerabendsonne. Oder ist da jemand? Winkt da jemand? Ihr?

Marie schaut nicht genauer hin. Stattdessen dreht sie sich zurück, der untergehenden Sonne entgegen.